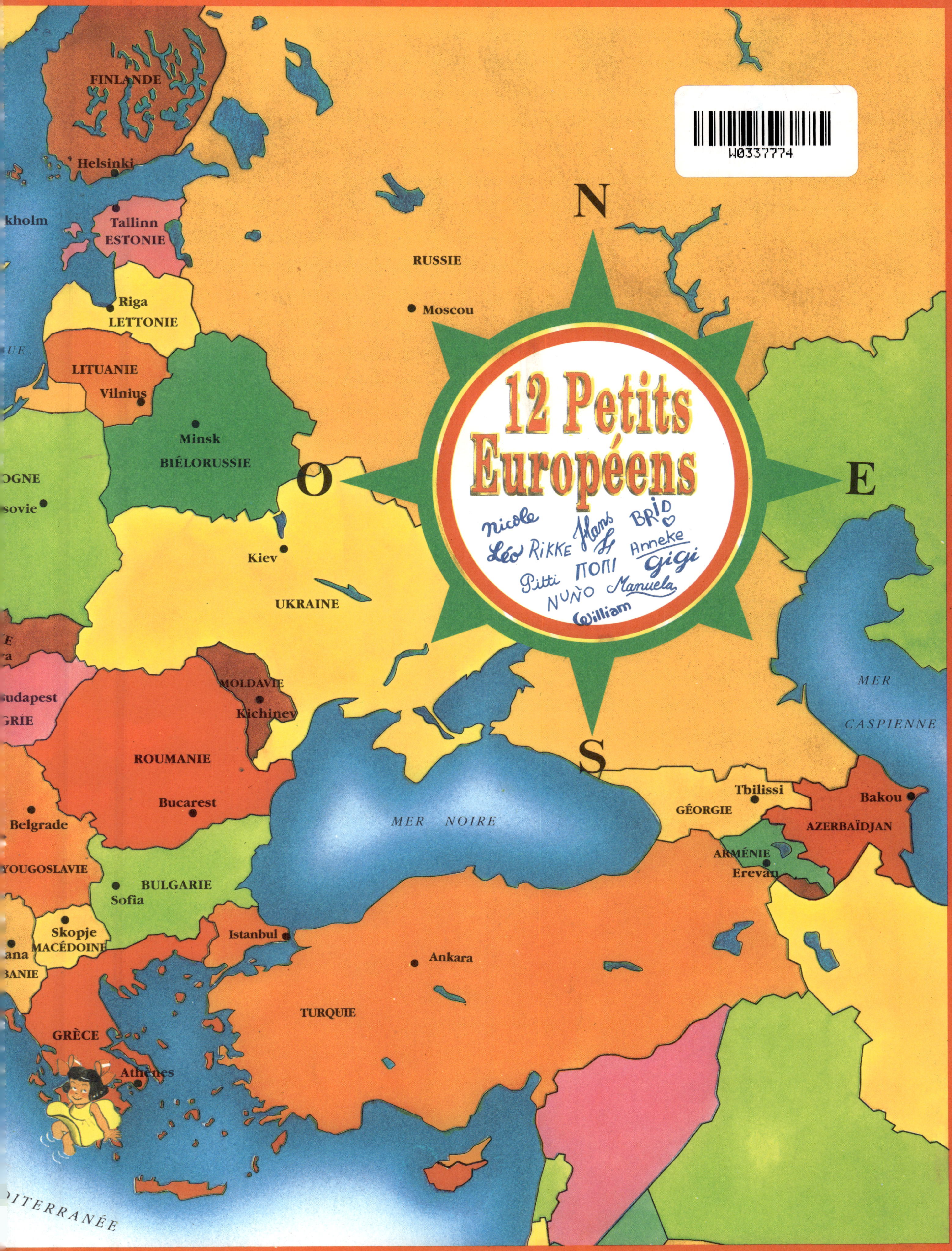
12 Petits Européens
nicole
Léo
RIKKE
Hans
BRID
Anneke
Pitti
ΠΟΠΙ
Gigi
NUÑO
Manuela
William
N
E
S
O
FINLANDE
Helsinki
Tallinn
ESTONIE
Riga
LETTONIE
LITUANIE
Vilnius
Minsk
BIÉLORUSSIE
RUSSIE
Moscou
Kiev
UKRAINE
MOLDAVIE
Kichinev
ROUMANIE
Bucarest
Belgrade
YOUGOSLAVIE
BULGARIE
Sofia
Skopje
MACÉDOINE
GRÈCE
Athènes
Istanbul
Ankara
TURQUIE
MER NOIRE
GÉORGIE
Tbilissi
ARMÉNIE
Erevan
AZERBAÏDJAN
Bakou
MER
CASPIENNE

VOYAGES EN ENFANCES

12 Petits Européens

A Iris,
ma petite Française préférée

NICOLE LAMBERT

12 Petits Européens

HACHETTE
Jeunesse

Préface

Les enfants poussent partout ! Avec leurs yeux à hauteur de lutin, ils nous font découvrir nos pays comme nous ne les avions jamais vus : insolites, drôles, si différents par toutes ces choses que l'on sait voir encore quand on est un enfant et que le crayon de Nicole Lambert nous restitue avec toute leur fraîcheur d'étonnement.

Pour la première fois se trouvent rassemblés, comme dans un coffre à jouets aux mille couleurs, toutes ces coutumes, ces contes, toute cette culture de l'enfance qui forme, plus sûrement que toute autre empreinte, l'identité et le charme de chaque pays.

Au fil de ses "Voyages en enfances" qui nous mèneront de pays en pays, de continent en continent, Nicole Lambert nous invite à un périple étonnant qui nous ramène aussi au fond de nous, là où les rêves, les rires et les pleurs d'enfants nous ont faits si différents.

Premier guide d'un type de voyages nouveaux, ces “Douze petits Européens” ont demandé un travail formidable de documentation insolite, de recherches dans les domaines où rien du genre n'existait.

Le résultat est un livre où l'on plonge parmi les images comme dans une aventure que l'on peut commencer par tous les bouts, un livre que n'épuise pas une lecture, ni dix ni vingt...

En ouvrant ces pages superbes, on fait plus qu'entamer une exploration merveilleuse, on comprend mieux aussi toute la richesse des autres.
Et c'est cela qui fait que les “Douze petits Européens”, avant d'être un très beau livre, sont une très grande idée...

Jean Christian Proteaux.

Madrid est une grande ville au centre de l'Espagne, avec des palais, des musées, de grandes places et de beaux jardins.

UN TABLEAU

Portrait de Manuel Osario Monrique de Zuniga de **Francisco Goya**

A Barcelone, les maisons et les églises de l'architecte **Gaudi** (1852 - 1926) semblent avoir été construites par des fées.

UNE CHANSON

Tengo una muñeca

J'ai une poupée toute habillée de bleu
avec une petite chemise et un corsage de dentelle.
Je suis allée la promener, elle s'est enrhumée,
j'ai dû la mettre au lit. Ça m'a rendue bien triste.

En Espagne, les enfants se couchent **très tard**. A Séville, les petites filles dansent dans les rues bien après minuit, avec de grandes robes à volants et des **chaussures à talons**.

Nom le plus répandu

LOPEZ

UNE INVENTION

En 1855, **Isaac Péral** a été l'un des inventeurs du sous-marin.

MIAM-MIAM

La **Chupa Chups,** qui a fait le tour du monde.

Son sigle a été dessiné par le grand peintre espagnol **Salvador Dali**

L'odeur la plus divine, c'est celle des champs d'orangers en fleur.

L'Espagne est le plus grand producteur du monde de poupées, qui depuis plus de cent ans sont fabriquées dans les villages de la région d'Alicante.

UN POEME

Sur leurs petits chevaux,
déguisés en panthères,
les enfants mangent la lune
comme si c'était une prune.

Fédérico Garcia Lorca

Chez nous il y a
de très beaux châteaux.

Pour dire en espagnol :
"Faire des projets un peu fous...

...on dit : "Construire des châteaux
dans les airs."

Toujours aventureux,
le chevalier Don Quichotte
et son fidèle écuyer
Sancho Pança,
les héros du livre
de Cervantès.

Le Roi
c'est Juan Carlos Ier

CHANSON POUR SOIGNER

Cura Sana,
Cura Sana.
Si no sanas hoy,
sanaras mañana.

Guéris-toi,
guéris-toi,
Si tu ne guéris pas aujourd'hui,
tu guériras demain.

UNE COUTUME

Le 31 décembre à minuit,
à chacun des douze coups de
l'horloge, on mange un grain de
raisin. Cela porte bonheur pour
toute l'année à venir.

UNE RECETTE

CHOCOLAT CHAUD A L'ESPAGNOLE

Pour 4 personnes : 1/2 litre de lait entier
150 g de chocolat noir pâtissier

Faire fondre le chocolat avec un peu de lait. Une fois le chocolat fondu, rajouter le reste du lait et bien mélanger. Faire bouillir à feu doux, puis retirer du feu 2 minutes. Renouveler cette opération 2 fois (avec l'aide de votre maman) et servir bien chaud.

La monnaie c'est la **peseta**.

Une passion : **La corrida.**

CHRISTOPHE COLOMB

partit découvrir l'Amérique en 1492.

PREMIERE COMMUNION

Pour ma première communion, le jour le plus important de la vie d'une petite fille, j'aurai une robe aussi belle qu'une robe de mariée. (D'ailleurs on les achète dans les mêmes magasins et elles coûtent presque aussi cher !)

Notre livre chéri ! **"Platero y yo"**, cela veut dire "Platero et moi". (Platero c'est le petit âne). Son auteur, **Juan Ramon Jimenez**, a eu le prix Nobel.

LES RAMEAUX

La fête qu'on préfère, c'est celle des **Rameaux**, le dimanche avant Pâques. Aux filles, leurs marraines offrent des **palmas**, aux garçons des **palmones**, très belles branches de palmiers tressées. La maman les décore avec toutes sortes de bonbons. Mais attention ! On n'a pas le droit de les manger avant la sortie de la messe.

Rome est la ville qui fait rêver le monde entier. Comme dans un grand livre d'histoire, on y trouve les souvenirs du temps des empereurs, puis des premiers chrétiens, les merveilles de la Renaissance et le **Vatican**, le plus petit Etat du monde où habite le Pape.

Le Colisée, immense amphithéatre antique où de **50 000 à 100 000 personnes** assistaient aux combats des gladiateurs.

Nom
le plus répandu

ROSSI

Chez nous, il y a encore des volcans en activité.

UN POEME

Petite cabale
du sorcier bienveillant

Ne réclame plus.
Rien pour toi ici ne reste.
Tu n'es pas de la tribu.
Tu t'es trompé de forêt.

Giorgio Caproni

C'est parce que son père voulait l'obliger à manger des escargots que le jeune baron Côme du Rondeau, 12 ans, monta dans un arbre et n'en descendit plus jamais. Ainsi commence un merveilleux livre d'Italo Calvino, **le Baron Perché**.

Domenico Ghirlandajo

Dans les magasins, on vous rend la monnaie avec des bonbons.

L'argent c'est la lire.

La **Ferrari**, la voiture qui fait rêver tous les garçons.

Il y a plus de 500 chaînes de télévision privées en Italie.

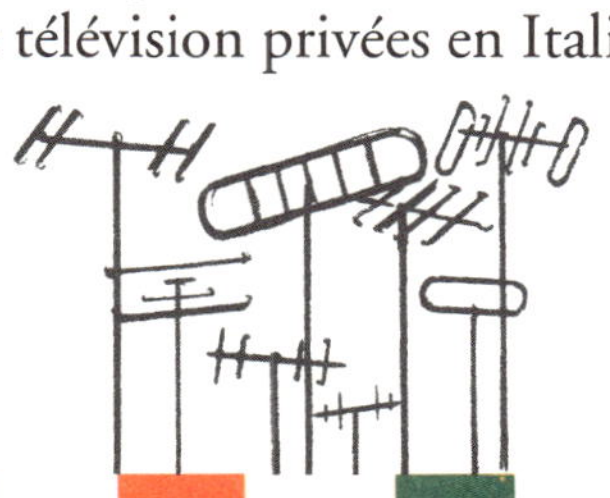

LA PIZZA

Pour 6 personnes : 250 g de farine - 30 g de levure de boulanger - 200 g de fromage "mozzarella" - 8 tomates - 1 tranche épaisse de jambon coupée en petits morceaux - 100 g de filets d'anchois - 1/2 verre d'huile d'olive - sel - quelques olives.
Tout d'abord, allumer le four au plus chaud. Puis travailler la farine, la levure, le sel, 1 cuillerée d'huile d'olive et 1 cuillerée d'eau jusqu'à ce que la pâte soit souple. Etendre la pâte très fine sur la plaque du four beurrée. Dessus, disposer les tomates en rondelles, la mozzarella en tranches fines, les anchois, le jambon et les olives.
Faire cuire 15 minutes à four très chaud.

MIAM-MIA

MA MAIS

La **BEFANA** est l'une des plus laides sorcières du monde (c'est peut être pour cela qu'elle porte un masque ?). Le 6 janvier, elle apporte des bonbons et des cadeaux aux enfants **sages**, et aux autres, **du charbon tout noir**.

On mange des pâtes à chaque repas.

C'est Marco

PETIT DEJEUNER

Tous les enfants s'échangent les vignettes à coller dans les albums, surtout les joueurs de foot !

LA TOUR DE PISE

Elle n'a pas été construite comme cela exprès. Tous les ans elle penche un peu plus.

A Venise, la ville entière se déguise pour fêter le carnaval.

Tout petit **Léonard de Vinci** (1452-1519) était génial. Il fut l'un des plus grands peintres de son temps, mais aussi un architecte, un sculpteur, un grand savant et un inventeur. De plus, il était très beau, très drôle, doué pour tous les exercices physiques, excellent musicien et gracieux danseur.

Sport préféré

LE FOOTBALL

Polo, un grand voyageur vénitien, qui en a ramené la recette de Chine au XIVème siècle.

Histoire de l'Europe

Le premier Européen préhistorique est certainement **l'homme de Néanderthal**, dont les traces ont été retrouvées en Allemagne (80 000 ans - 35 000 ans avant Jésus- Christ).

La plus ancienne civilisation européenne connue est la **civilisation crétoise** du roi Minos, dont on a retrouvé les riches palais, les labyrinthes et les temples aux énormes colonnes rouges. L'influence de la Crète s'étend aux autres peuples de la Méditerranée. Les Mycéniens puis les Hellènes, les anciens Grecs (3000 - 1200 av. J.C.).

C'est dans la plus importante cité de la Grèce antique, **Athènes**, que se développe pendant 700 ans (VIIe siècle av. J.-C. Ier siècle ap. J.-C.) une civilisation brillante, où naît une grande idée, la démocratie : les citoyens vivent libres à condition de respecter les lois valables pour tous. Ils élisent eux-mêmes leurs dirigeants.

Les **Romains** avec leurs armées de légionnaires et de centurions, et leurs prestigieux chefs de guerre comme Jules César (101-44 av. J.-C.), conquièrent un immense empire : Gaule, Ibérie, Pays Celtes. Ils exportent partout la culture romaine, dont certains aspects subsistent encore aujourd'hui (habitudes alimentaires comme le vin ou l'huile, architecture, droit romain, langues : français, italien, espagnol).

Mais des **barbares** venus de l'Est (Goths, Wisigoths, Vandales et plus tard les Huns d'Attila) dévastent l'Europe entière (IVe-Ve siècle ap. J.-C.). Ce sont de rudes soldats, qui combattent presque nus et se nourissent de viande crue. On dit que "Partout où ils passent, l'herbe ne repousse plus".

Après leurs victoires, ils s'installent dans les pays qu'ils ont conquis, et petit à petit, en adoptent les coutumes et la religion (**le christianisme**). Couronné empereur en l'an 800, **Charlemagne** va être le premier vrai Européen. On peut dire qu'il est allemand, français et belge à la fois. Il règne sur un très vaste empire, qui éclatera après sa mort.

Pourtant, c'est ensuite au Moyen Age que l'Europe existe vraiment : Etats sans frontières, civilisation chrétienne internationale, premières universités. Architecture, arts, littérature refleurissent. Vikings et Musulmans sont repoussés. La chevalerie apparaît, et les premiers grands royaumes : Danemark, France, Angleterre, Portugal.

Avec l'invention de l'imprimerie (1454), on peut fabriquer de plus en plus de livres (qui jusque-là étaient recopiés à la main). Ainsi les idées circulent-elles de plus en plus facilement. C'est la **Renaissance**. Les hommes se replongent dans les connaissances de l'Antiquité, puis ils font à leur tour de grandes découvertes et de grands progrès. La culture rayonne en Europe avec les palais italiens, les châteaux de la Loire, la peinture flamande et des hommes tels Léonard de Vinci et Dürer.

Le Portugal, l'Espagne, les Pays-Bas, l'Angleterre, ou la France deviennent si puissants qu'ils partent conquérir des empires au-delà des océans.
Charles Quint, souverain d'Espagne et du Saint Empire romain germanique, devient le plus grand roi du monde (1519-1556). Des monarques comme Louis XIV en France ou Frédéric II en Prusse symbolisent leur pouvoir en construisant de magnifiques palais. Ils aiment la guerre et la font sans cesse pour se disputer des territoires.

En réaction à ces pouvoirs absolus, des écrivains-philosophes comme Voltaire ou Rousseau vont concevoir des idées nouvelles. Fondées sur la démocratie, l'égalité entre les hommes, la tolérance, elles amèneront **la Révolution française de 1789** et la **République**.

En 1789 sera rédigée **la déclaration des droits de l'homme**, qui reste la base des sociétés libres d'aujourd'hui.

Mais la République est bientôt emportée par l'ambition d'un homme, le général français **Napoléon Bonaparte**. Il se proclame empereur et lance ses armées à la conquête de l'Europe, déclarant : "Il n'y aura de repos en Europe que sous un seul chef, un empereur, qui aura pour officiers des rois." Il sera vaincu à Waterloo en 1815.

Le XIXe siècle connaît deux grandes révolutions : **la révolution industrielle**, qui pousse des milliers de paysans à quitter leurs terres pour aller travailler dans les usines. La dureté de leurs conditions de vie donnera naissance à une nouvelle idée politique, le marxisme, qui deviendra le communisme. La seconde révolution est politique. **Les sentiments nationalistes** se développent. De nouveaux états se constituent : la Grèce (1824), l'Italie (1861), l'Allemagne (1871).

Les tensions grandissent en Europe. En 1914 éclate **la première guerre mondiale**. Elle durera quatre ans et fera huit millions de morts. Les hommes de l'époque, écœurés, jurèrent qu'elle serait la dernière guerre, "la der des der".

Ils se trompaient car, en 1939, les nations d'Europe vont à nouveau entrer en conflit. Hitler a pris le pouvoir en Allemagne. Il veut conquérir l'Europe pour y construire "la grande Allemagne", un empire qui durerait mille ans, et y imposer sa doctrine, le nazisme, fondée sur la violence et le racisme. Toutes les nations démocratiques, y compris les Etats-Unis d'Amérique, se liguent contre lui, bientôt rejointes par l'Union soviétique. C'est **la deuxième guerre mondiale.** Elle est encore plus terrible que la précédente et se termine en 1945 par la défaite de l'Allemagne nazie.

L'Europe, meurtrie et en ruines, est divisée en deux blocs rivaux : les pays de l'Est qui tombent sous le contrôle de l'U.R.S.S. communiste, et les pays de l'Ouest qui se rapprochent des U.S.A. capitalistes. C'est la **guerre froide**. Les Européens vivent dans la peur, car si un nouveau conflit éclatait, ce serait encore chez eux.

Dans cette ambiance de crise germe l'idée des **Etats-Unis d'Europe**, pour construire une Europe unie où la guerre deviendrait impossible, une Europe plus riche et plus indépendante des deux grandes puissances. Le traité de Rome, signé en 1957, prévoit la libre circulation des hommes et des marchandises entre six pays (France, R.F.A., Italie, Belgique, Pays-Bas, Luxembourg).

En 1989, **le bloc communiste s'effondre** brusquement en Europe de l'Est, permettant la réunification de l'Allemagne.

La Communauté économique européenne compte de nos jours 400 millions de citoyens. Elle regroupe 12 pays décidés à devenir ensemble l'une des grandes puissances mondiales du XXIe siècle.

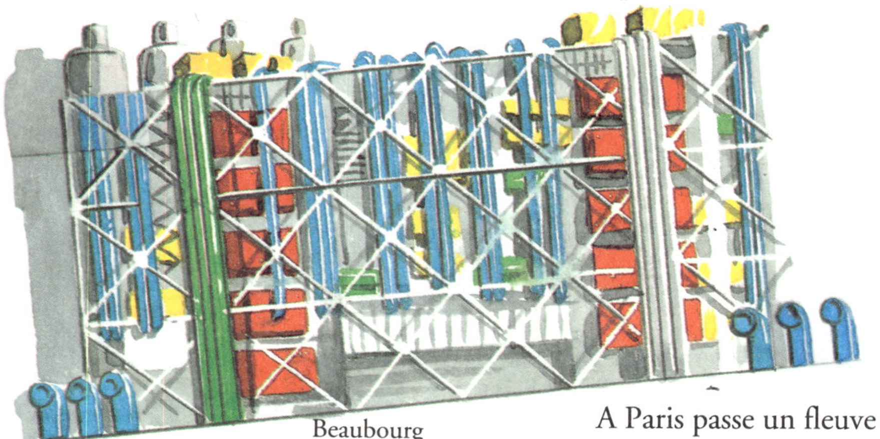

Beaubourg

A Paris passe un fleuve qui s'appelle la Seine.
Il y a de jolis quais, de vieux ponts, beaucoup de monuments.
Les préférés des enfants sont la **Tour Eiffel** (320 mètres de haut) et **Beaubourg**, un musée d'art moderne plein de tuyaux et d'escaliers roulan

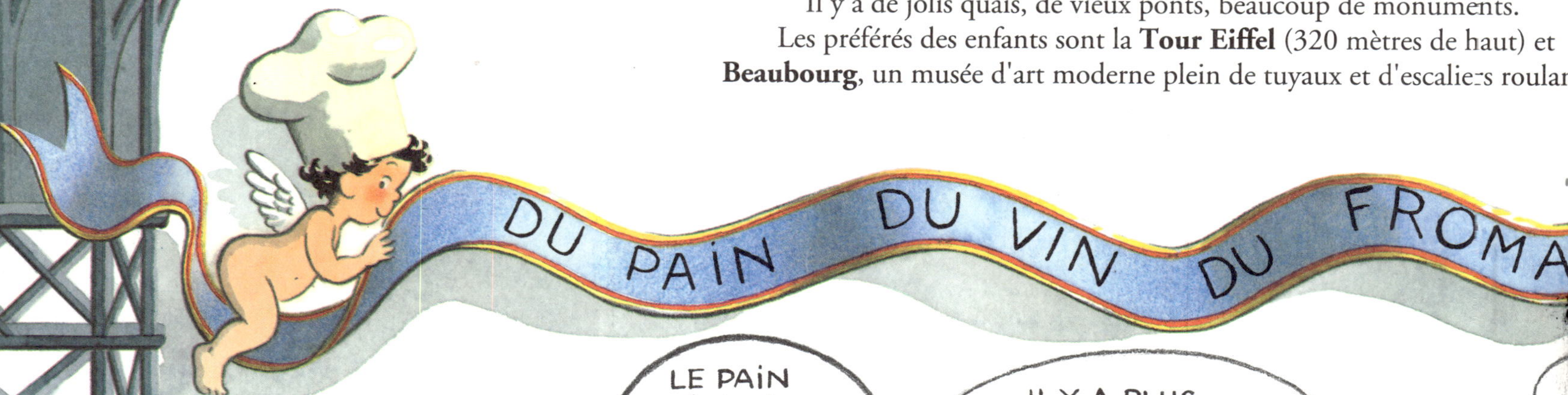

Noms
les plus répandus

DUPONT
DURAND

UN AUTEUR POUR ENFANTS

La Comtesse de Ségur

Petite fille en Russie dans d'immenses domaines, Sophie n'était vraiment pas sage. Devenue grande, elle épousa un Français, le comte de Ségur, eut huit enfants et écrivit des dizaines de livres pour la jeunesse. Bien que baignés par le XIXème siècle, pleins de châteaux, de bonnes, de crinolines et de calèches, ses livres sont adorés par les enfants d'aujourd'hui qui rient, qui pleurent et qui se reconnaissent encore dans "les malheurs de Sophie".

DEUX INVENTEURS

Les **Frères Lumière** ont inventé le cinéma.

PETIT DEJEUNER

Chez nous, il est tout à fait poli de tremper son croissant dans sa tasse.

Le Quatre - Quarts

4 Œufs.
Le poids de ces œufs,
(à peu près 200 g),
en farine, sucre et beurre.
Eau de fleur d'oranger.

Battre les jaunes d'œufs et le sucre jusqu'à ce que le mélange blanchisse. Verser peu à peu la farine, et le beurre (fondu très doucement) jusqu'à épuisement. Parfumer avec une cuillerée à soupe d'eau de fleur d'oranger. Incorporer les blancs battus en neige. Cuire 50 minutes dans un moule beurré, thermostat 5.

FÊTES

Curieusement, les deux fêtes préférées des Français sont la Fête des **Rois** et celle du **14 Juillet** (où l'on décida en quelque sorte de leur couper la tête).
Pour les rois, le 6 Janvier, on mange une délicieuse galette où est cachée une fève. Celui qui la trouve devient roi et reçoit une couronne de carton dorée.
Le 14 Juillet, on allume des lampions, on fait sauter des pétards et on danse dans les rues.

UNE CHANSON

Au clair de la lune

Le Roudoudou
Pâte à bonbons sucrée, coulée au fond d'un coquillage.

UN TABLEAU

La fillette au volant, de Chardin

GUIGNOL

Dans les parcs on trouve les **castelets**, petits théâtres de marionnettes dont **Guignol** est le héros. **Guignol** triomphe toujours du **gendarme** à qui il donne des coups de bâton qui font hurler de rire les enfants.

LA PETANQUE

Se joue sur les places de village. Avec les grosses boules il faut s'approcher le plus possible de la petite boule de bois, le "cochonnet".

Le **T.G.V.** (Train à Grande Vitesse) est le train **le plus rapide du monde.** Il traverse actuellement la France à 300 km/h mais son record est de 515,3 km/h ! Bientôt il reliera toutes les capitales européennes.

Les enfants se tiennent par le menton et chantent en se regardant dans les yeux.
Le premier qui rit a perdu et reçoit une claque.

HÉROS FRANÇAIS

Babar

Les Triplés

Astérix

L'ARGENT

Le franc

(les Français disent tout le temps OH! LA! LA !)

J'habite à Londres, une très grande ville sur les bords de la **Tamise**, où l'on entend sonner **Big Ben**, la grosse horloge.

BONBONS

Liquorice all sorts
(consistance assez molle, goût de réglisse prononcé)

Le Jeune Crewe déguisé en Henry VIII, Joshua Reynolds.

PETIT DEJEUNER

COMPTINE POUR FAIRE RIRE LES BEB
(en secouant leurs petits doigts de pieds)

This little piggy went to the marke
This little piggy stayed at home
This little piggy had roast bee
This little piggy had none
And this little piggy wen
wee wee wee all
the way home.

Ce petit cochon est allé au marché
Ce petit cochon est resté à la maison
Ce petit cochon a mangé du rôti
Ce petit cochon n'a rien eu
Et ce petit cochon est rentré
ouin ouin ouin à la maison.

Voilà la Reine.
Elle s'appelle **Elizabeth**.
Elle est devenue reine car elle était fille de roi. Mais il y a très longtemps, c'est un enfant, **Arthur Pendragon**, le protégé de l'enchanteur Merlin, qui devint roi d'Angleterre en retirant une épée magique d'une enclume. C'est lui qui fonda l'ordre des **Chevaliers de la Table Ronde**.

L'ÉPÉE DANS L'ENCLUME

Apple Crumble

1,5 kg de pommes - 2 cuillerées à soupe de sucre - 1 bâton de vanille - 1 citron. Pour la pâte : 150 g de farine - 75 g de sucre en poudre - 75 g de beurre - 1 jaune d'œuf - 1 pincée de sel.

Eplucher les pommes, les couper en quartiers et les arroser avec le jus de citron. Les faire cuire à feu doux avec un verre d'eau, la vanille et les 2 cuillerées de sucre, jusqu'à ce qu'elles soient transparentes.
Pour la pâte : Mélanger la farine, le sucre et le sel. Ajouter le beurre par petits morceaux puis le jaune d'œuf. Il ne faut surtout pas faire une boule avec la pâte, mais la travailler du bout des doigts pour qu'elle fasse des miettes ("crumble"). Dans un plat à gratin, verser les pommes en les aplatissant bien. Couvrir avec les miettes de pâte. Cuire à four moyen (7) pendant 20 mn.
Servir tiède avec de la crème fraîche.
Le "crumble" est aussi délicieux aux poires ou aux fruits rouges.

DES ENFANTS ANGLAIS QUI SONT DEVENUS IMMORTELS ...

Alice Liddel, qui inspira "**Alice au Pays des Merveilles**" à **Lewis Carroll**, lors d'une promenade en barque.

Peter Llewelyn-Davies, que **James Barrie** rencontra au parc avec ses frères, et qui lui inspira **Peter Pan**.

"RIEN DE CE QUI VOUS ARRIVE APRES L'AGE DE DOUZE ANS N'EST VRAIMENT IMPORTANT"

Sir James Barrie

SPORTS

On a inventé presque tous les sports de ballons : le football, le rugby, le tennis, le golf et le cricket.

Noms les plus répandus

Angleterre **SMITH**
Ecosse **MAC DONALD**
Pays de Galles **EVANS**
Ulster **O'REILLY**

ON L'A ÉCHAPPÉ BELLE !
CE N'EST QU'EN 1987 QUE LES CHÂTIMENTS CORPORELS ONT ÉTÉ INTERDITS EN ANGLETERRE, DIFFÉRENTS INSTRUMENTS ÉTAIENT UTILISÉS POUR BATTRE LES ENFANTS :

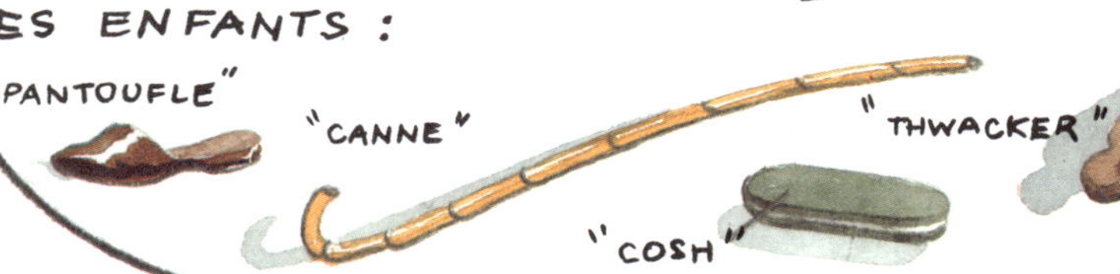

…AINSI QU'UN PETIT LAPIN

Benjamin, son lapin chéri, qui inspira à **Beatrix Potter "Peter Rabbit".**

TM of Frédérick Warne & Co

L'HABIT ECOSSAIS
"UN HOMME EN KILT EST UN HOMME ET DEMIE"

On porte encore le kilt en Ecosse. Primitivement c'était une pièce d'étoffe dont on répartissait les plis avec une ceinture. S'il pleuvait, on se protégeait la tête avec son extrémité. Pour dormir à la belle étoile, on défaisait le tout pour se faire une couverture.
Les Tartans, dessins particuliers des carreaux, sont les symboles des clans dont ils racontent l'histoire : S'il y a du bleu dans les rayures, les territoires de la famille étaient au bord de la mer, du vert, c'était de grandes forêts. S'il y a du rouge, le clan était guerrier et avait répandu beaucoup de sang barbare…

UNE CHANSON

Three Blind Mice

Trois souris aveugles,
trois souris aveugles,
regarde comme elles courent,
regarde comme elles courent.
Elles poursuivent toutes la femme du fermier, qui a coupé leurs queues avec un grand couteau.
As-tu déjà vu une chose pareille :
Trois souris aveugles !

ROBERT BADEN POWELL (1857-1941) UN GENERAL A INVENTÉ LE SCOUTISME

La monnaie c'est la livre

QUAND ON MARCHE EN RANGS, ON DIT QU'ON MARCHE "EN CROCODILE"

EN CLASSE ON PORTE UN UNIFORME

COMMENT DIT-ON ?

COME SE DICE ?

COMO SE DICE ?

COMO SE DIZ ?

FRANÇAIS	ITALIEN	ESPAGNOL	PORTUGAIS
OUI / NON	SI / NO	SI / NO	SIM / NÃO
S'IL VOUS PLAIT	PER FAVORE	POR FAVOR	FAZ FAVOR
MERCI	GRAZIE	GRACIAS	OBRIGADO
BONJOUR	BUONGIORNO	BUENOS DÍAS	BOM DIA
AU REVOIR	ARRIVEDERCI	ADÍOS	ADEUS
UN DEUX	UNO DUE	UNO DOS	UM DOIS
TROIS	TRE	TRES	TRÊS
QUATRE	QUATTRO	CUATRO	QUATRO
CINQ SIX	CINQUE SEI	CINCO SEIS	CINCO SEIS
SEPT HUIT	SETTE OTTO	SIETE OCHO	SETE OITO
NEUF DIX	NOVE DIECI	NUEVE DIEZ	NOVE DEZ
ONZE	UNDICI	ONCE	ONZE
DOUZE	DODICI	DOCE	DOZE
PAPA	PAPÀ ou BABBO	PAPÁ	PAPÁ
MAMAN	MAMMA	MAMÁ	MAMÁ
PAPY	NONNO	ABUELO	AVÔ
MAMY	NONNA	ABUELA	AVÓ
MONSIEUR	SIGNORE	SEÑOR	SENHOR
MADAME	SIGNORA	SEÑORA	SENHORA
VERT	VERDE	VERDE	VERDE
ROUGE	ROSSO	ROJO	VERMELHO
JAUNE	GIALLO	AMARILLO	AMARELO
BLEU	AZZURO	AZUL	AZUL
BLANC	BIANCO	BLANCO	BRANCO
NOIR	NERO	NEGRO	PRETO
ORANGE	ARANCIO	NARANJA	LARANJA
VIOLET	VIOLETTA	VIOLETA	VIOLETA
PIPI	PIPÌ	PIPÌ	CHICHI
CACA	CACCA	CACA	CACA

HOW DO YOU SAY ?

HOE ZEGT MEN ?

WIE SAGT MAN ?

HVORDAN SIGER MAN ?

ΠΩΣ ΛΕΓΕΤΕ;
POS LÈGÈTÈ ?

ANGLAIS	NEERLANDAIS	ALLEMAND	DANOIS	GREC
YES / NO	JA / NEE	JA / NEIN	JA / NEJ	ΝΑΙ / ΟΧΙ NÉ / OKHI
PLEASE	ALS'T U BLIEFT	BITTE	VER SA VENLIG	ΠΑΡΑΚΑΛΟ PARAKALO
THANK YOU	DANK U	DANKE SCHÖN	TAK	ΕΥΧΑΡΙΣΤΟ ÈFKHARISTO
HELLO	MORGEN	GUTEN TAG	GODDAG	ΚΑΛΗΜΕΡΑ KALIMÉRA
GOOD BYE	TOT ZIENS	AUF WIEDERSEHEN	FARVEL	ΧΑΙΡΕΤΕ CHÈRÈTÈ
ONE TWO	EEN TWEE	EIN ZWEI	ÉN TO	ΕΝΑ ΔΥΟ ÈNA DHIO
THREE	DRIE	DREI	TRE	ΤΡΙΑ TRIA
FOUR	VIER	VIER	FIRE	ΤΕΣΣΕΡΑ TÈSSÈRA
FIVE SIX	VIJF ZES	FÜNF SECHS	FEM SEKS	ΠΕΝΤΕ ΕΞΙ PÈNDÈ EXI
SEVEN EIGHT	ZEVEN ACHT	SIEBEN ACHT	SYV OTTE	ΕΦΤΑ ΟΚΤΟ ÈFTA OKTO
NINE TEN	NEGEN TIEN	NEUN ZEHN	NI TI	ΕΝΝΕΑ ΔΕΚΑ ÈNÈA DHÈKA
ELEVEN	ELF	ELF	ELLEVE	ΕΝΔΕΚΑ ENDÈKA
TWELVE	TWAALF	ZWÖLF	TOLV	ΔΟΔΕΚΑ DHODHÈKA
DADDY	PAPPA	PAPA	FAR	ΜΠΑΜΠΑΣ BABAS
MUMMY	MAMA	MUTTI	MOR	ΜΑΜΑ MAMA
GRAND PA	OPA	OPA	FARFAR	ΠΑΠΠΟΥΣ PAPOUS
GRANNY	OMA	OMA	FARMOR	ΓΙΑΓΙΑ YAYA
MISTER	MENEER	HERR	HR	ΚΥΡΙΕ KIRIE
MRS	MEVROUW	FRAU	FRU	ΚΥΡΙΑ KIRIA
GREEN	GROEN	GRÜN	GRØN	ΠΡΑΣΙΝΟ PRÁSINO
RED	ROOD	ROT	RØD	ΚΟΚΚΙΝΟ KÒKÍNO
YELLOW	GEEL	GELB	GUL	ΚΙΤΡΙΝΟ KÍTRINOS
BLUE	BLAUW	BLAU	BLA	ΓΑΛΑΖΙΟ GHALAZIO
WHITE	WIT	WEIß	HVID	ΑΣΠΡΟ ASPROS
BLACK	ZWART	SCHWARZ	SORT	ΜΑΥΡΟ MAVROS
ORANGE	ORANJE	ORANGEN	ORANGE	ΠΟΡΤΟΚΑΛΙ PORTOKALIS
VIOLET	PAARS	VIOLETT	VIOLET	ΒΙΟΛΕΤΙ VIOLETI
WEE-WEE	PLASJE	PIPI	TIS	ΤΣΙΤΣΑ TSITSA
POO-POO	POEP	KAKA	BÆ	ΚΑΚΑ CACA

L'Irlande est un pays sauvage et magnifique, avec de vieux châteaux, d'antiques légendes, des habitants joviaux et quelques fantômes...

UN POEME

Je plains un homme sans vache,
Je plains un homme sans mouton,
Mais un homme qui n'a pas de cheval
aura du mal à rester sur terre
bien longtemps.

Vieille chanson des Îles d'Aran.

Nom le plus répandu

O' CONNORS

Sport national

LE HURLING

Le **shamrock**,
emblème de l'Irlande.

UNE CHANSON

(en langue gaëlique)

Le coq annonce le jour.
Le coq annonce le jour.
Le cheval dans l'étable
se met à hennir.
Et le coq annonce le jour.

En Irlande, quand vous croisez une pie, il faut absolument la saluer, sinon elle vous portera malheur.

La monnaie c'est
la livre irlandaise.

Petits rochers

250 g de farine - 100 g de sucre
100 g de beurre
100 g de raisins secs
1 œuf -
1 cuillerée à soupe de lait

Mettre la farine dans une terrine. Ajouter le beurre coupé en petits morceaux. Avec les doigts, frotter le beurre et la farine pour obtenir une sorte de gros sable (surtout pas une boule de pâte). Ajouter le sucre et les raisins, mélanger. Battre l'œuf et le lait. Les incorporer à la pâte. Sur une plaque beurrée, façonner de petits tas en forme de rochers. Cuire 15 minutes à four préchauffé (Thermostat 6).

Que **Cuchulain**, le plus grand héros d'Irlande, le fils du dieu-soleil Lug, était si échauffé quand il revenait du combat qu'on lui apportait sept baquets d'eau glacée. Il se plongeait dans le premier, qu'il faisait instantanément bouillir, le deuxième et le troisième aussi… Ce n'est qu'au septième qu'il sortait rafraîchi et qu'on pouvait l'approcher.

Que les **Banshees** sont des fées qui annoncent la mort des membres d'une même famille.

Que la jalouse **Aoife**, la seconde femme du roi **Lir**, a transformé les enfants de son mari en cygnes.

Que Monsieur **Gulliver, le héros de Jonathan Swift,** a fait de bien étranges voyages. L'un au pays des nains, l'autre au pays des géants…

La **harpe celtique** est le symbole de l'Irlande.

PETIT DEJEUNER

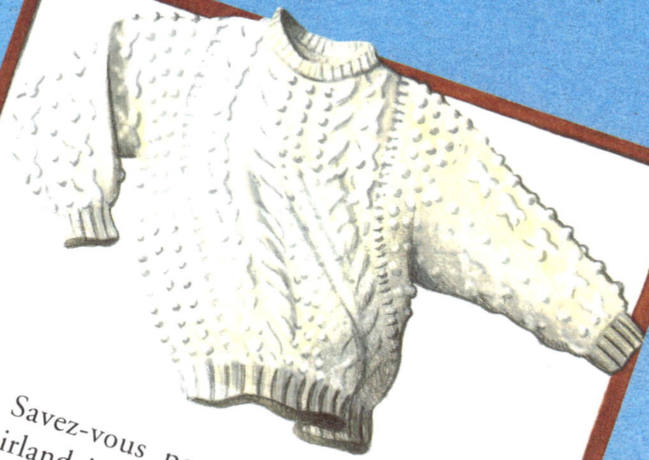

Savez-vous pourquoi les pulls irlandais ont des points de tricot si compliqués ?

C'est parce que c'était des pulls de marins. Si on retrouvait le corps d'un marin noyé, sans savoir qui c'était, on rapportait à terre son pull-over. Certains points correspondaient à une région, certains à un village... Et la dernière rangée de points permettait de retrouver la femme qui l'avait tricoté.

Le **bulls eyes**, "l'œil de bœuf", gros bonbon au goût de menthe.

La Grèce est le pays de la mer et des bateaux. Il y a des milliers d'îles en Grèce, avec des maisons blanches, des moulins et de petites églises byzantines. Il y a aussi les restes des temples et des statues des anciens Grecs, qui furent, il y a plus de 2 000 ans, les hommes les plus brillants du monde.

Nom
le plus répandu :

PAPPAS

FABULEUSES FABLES D'ESOPE

Esope était, dit-on, un esclave bègue, bossu et très laid. Il était si intelligent et malicieux, qu'il réussit à se faire libérer par son maître. Il composa des fables qui traversèrent les siècles. **La Fontaine** s'en inspirera pour écrire, par exemple, "le renard et la cigogne" ou "le lion et le rat".

A Pâques on teint des œufs durs en rouge et on les cogne très for l'un contre l'autre. C'est l'œuf qu a cassé l'autre qui gagne.

PORTE-BONHEUR

Un œil en verre bleu qui protège du mauvais œ

UN POEME

Petite lune brillante

Petite lune brillante
Eclaire-moi pour que je marche
Que j'aille à l'école
Que j'apprenne les lettres
Les lettres importantes
Les choses de Dieu

Cette poésie parle des anciens temps de l'occupation turque, où les enfants grecs allaient à l'école en grand secret, la nuit.

En Grèce on trouve parfois des merveilles au fond de la mer, comme cette statue de bronze (du IIème siècle avant J-C), "le jockey de l'Artémision". Elle a été repêchée en 1927 au large de l'île d'Eubée. On ne sait pas si le bateau qui la transportait a fait naufrage en l'apportant, toute neuve, au temple auquel elle était destinée ou si elle faisait partie du butin que les Romains rapportaient pour orner leurs riches villas.

Notre sport préféré :

BASKET

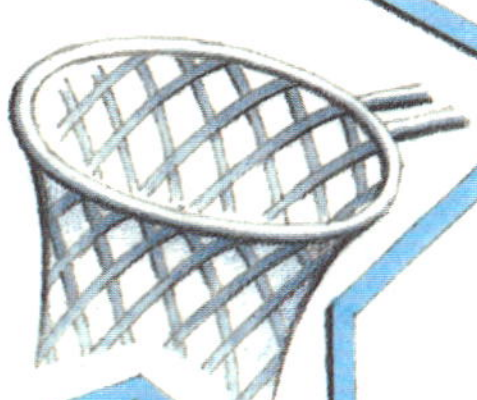

UN JEU

L'ARGENT

La drachme

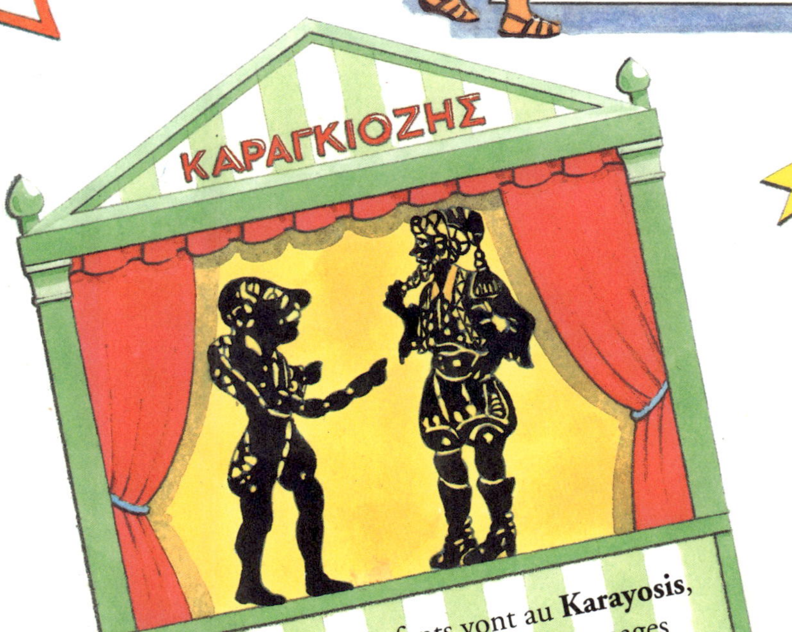

Le dimanche, les enfants vont au **Karayosis**, un théâtre d'ombres où les personnages se bagarrent beaucoup.
Autres marionnettes très aimées : les **tenekedoupoli** dont les personnages sont des boîtes de conserves.

Beaucoup de grand-pères se laissent pousser l'ongle du petit doigt très long (à l'origine pour montrer qu'ils ne travaillaient pas de leurs mains).
Ils se mettent un brin de basilic derrière l'oreille, pour porter bonheur.

LES DIEUX DE LA GRÈCE

L'histoire des dieux de la Grèce commence il y a si longtemps qu'il n'y avait rien au monde que le vide où régnait le dieu, **Chaos**, immobile et silencieux. Petit à petit sont nés **Erèbe** la nuit et ses fils, le jour, le sommeil, le rêve et la mort. Puis **Gaïa** est apparue, gigantesque déesse terre et **Ouranos** le ciel, son époux. Ouranos, père cruel, ne voulut voir aucun de ses enfants, qu'il tint prisonniers au fond de la terre. Seul **Chronos**, le plus courageux, les délivra en tuant son père. Il épousa sa sœur **Rhéa** et en eut plusieurs enfants. Hélas, craignant une prophétie qui l'avertit qu'il serait tué par l'un de ses descendants, Chronos les dévora, un à un, dès leur naissance. Rhéa décida de sauver l'un de ses fils et partit se cacher avec le nouveau-né dans une caverne de Crète. Il devint le roi des dieux de l'Olympe, **Zeus**.

ON CHANTE ET ON DANSE

UNE CHANSON

Yialo ! Yialo !

Nous marchions sur le rivage et ne parlions que de toi.
Si tu reviens par le rivage, ton amour tu te rappelleras.

LE 1er MAI, ON ACCROCHE UNE COURONNE DE FLEURS DES CHAMPS SUR LA PORTE

Quand on entend la musique grecque, on ne peut s'empêcher de danser dans les rues ou sur les pla pour les fêtes des saints des villages, les "panaiyiris", ou pour la fête natior 25 Mars. Ce jour-là les garçons déguisent en evzone (so grec) et les filles en Amalia (he la révo

Un Evzone

Une petite Amalia

UNE COUTUME

Quand ils se marient, les époux portent sur leurs têtes des couronnes de perles blanches reliées par un ruban.

PETIT DEJEUNER

A (a) B (b) Γ (gh) Δ (dh) E (é) Z (z) H (i) Θ (th) I (i) K (k) Λ (l) M (m

MIAM-MIAM

l'**Hypovrihio** ("sous-marin") est une délicieuse pâte vanillée que l'on suce dans une cuillère en la trempant dans l'eau glacée.

ces,

ale du
se
dat

roïne de
lution
contre les
Turcs).

Fresque des "enfants boxeurs" de **Théra** (1500 ans av. J.C.).

En Grèce les bébés n'ont pas de prénom jusqu'à leur baptême qui a lieu à l'âge de 1 ou 2 ans. Quand on demande : "Comment s'appelle-t-il ?" on vous répond : "Mais voyons, il s'appelle **bébé!**"

UNE RECETTE

Pour teindre les œufs en rouge, il faut les faire bouillir 10 minutes avec du colorant alimentaire.

Brioche de Pâques

1 kg de farine - 6 œufs + 1 œuf battu
125 g de beurre - 2 cuillerées à café de levure
300 g de sucre - 3 cuillerées à soupe de lait
1 cuillerée à café de vanille liquide.

Versez la farine dans une terrine. Faites un puits au milieu. Versez le beurre (fondu très doucement dans une casserole puis refroidi). Pétrissez-le avec la farine. Battez les jaunes d'œufs avec le sucre. Montez les blancs en neige. Incorporez à la pâte le mélange jaunes-sucre, puis la levure délayée dans le lait, puis la vanille et enfin les blancs en neige. Modelez vos gâteaux comme vous voulez. Déposez-les sur une plaque beurrée, assez éloignés les uns des autres. Dorez au pinceau à l'œuf battu. Faites cuire à four moyen (th.7) pendant 20 minutes.

Un marchand d'éponges

EDUCATION

Les enfants sont très choyés en Grèce. On leur pardonne toutes leurs bêtises en disant : "Ce sont des enfants". Mais dans l'Antiquité, l'éducation était plus sévère, surtout à Sparte : à 7 ans, les garçons étaient enlevés à leur mère, ils vivaient presque nus, couchaient sur des roseaux et on ne leur donnait pas grand-chose à manger pour les inciter à voler leur nourriture. De nos jours, tous les enfants grecs, en plus de l'école, suivent des cours du soir pour apprendre les langues étrangères.

Ν (n) Ξ (x) Ο (o) Π (p) Ρ (r) Σ (s) Τ (t) Υ (i) Φ (f) Χ (kh) Ψ (ps) Ω (o)

Avec quoi fait-on peur aux enfants ?

FRANCE :

C'est avec le **LOUP** que l'on fait peur aux enfants, celui-là même qui a mangé le Petit Chaperon rouge. Il a certainement l'air plus méchant que ceux que l'on voit au zoo, toujours bien décevants.

ESPAGNE :

C'est la mystérieuse **MANO NEGRA**, l'ombre que l'on projette sur le mur en passant la main devant la lampe de chevet, qui effraie le plus les petits.

PORTUGAL :

Attention au **PAPÃOS**! Cette espèce de gros ogre n'a qu'une seule idée en tête : manger les petits enfants !

ALLEMAGNE :

Le **SCHWARZE MANN**, l'homme noir qui vit dans la cave, est déjà bien inquiétant, mais le pire est certainement **KNECHT RUPRECHT,** un valet de saint Nicolas, qui, avec son fouet, vous force à confesser vos bêtises de l'année.

HOLLANDE :

ZWARTE PIET, Pierre le Noir, un autre valet de saint Nicolas. Il est tout noir, avec des lèvres toutes rouges. Il a une culotte bouffante et un drôle de chapeau. Il tient un grand sac dans lequel il menace d'emporter les enfants dissipés jusqu'en Espagne.

BELGIQUE :

LE PÈRE FOUETTARD (qui sévit aussi en Allemagne sous le nom de Knecht Ruprecht).

GRÈCE :

C'est le **BABOULAS** qui fait peur. On ne sait comment il est, mais on imagine le pire !

IRLANDE :

Il vaut mieux ne pas trop penser à l'affreux **POOKA**, un homme sans tête, monté sur un cheval sans tête. Mais ce qui effraie le plus les petits irlandais, c'est l'idée d'un **RAZ DE MARÉE GÉANT** qui pourrait venir les engloutir avec leurs maisons.

GRANDE-BRETAGNE :

"Sois sage, ou le **BOGEYMAN** t'emportera !" C'est ce que l'on dit aux petits Anglais pour les faire tenir tranquilles. (Lui aussi, on ne peut pas le décrire, car personne encore n'est revenu d'entre ses griffes !)

ITALIE :

Gardez-vous de **L'UOMO NERO**, l'homme noir ! Mais aussi de **FUMA PIPA**, une sorcière qui met les enfants pas sages dans sa pipe et qui les fume.

DANEMARK :

Au Danemark, les enfants n'ont pratiquement peur de rien, sauf peut-être des **TROLLS** de la forêt, qui sont aussi forts que méchants.

LUXEMBOURG :

On dit bien aux petits Luxembourgeois de ne pas se pencher au-dessus de l'eau par crainte de **KROJEMÄNCHEN**, le pire, le champion des croquemi-taines de l'Europe entière ! Cette affreuse créature a un crochet à la place de la main. Elle peut vous harponner dans les lacs et les rivières, mais aussi dans la baignoire, et même, imaginez ! dans les toilettes !

J'habite à Amsterdam, une ville construite sur l'eau où l'on roule à bicyclette le long des canaux. Ma maison c'est celle aux stores jaunes, près de l'orgue de Barbarie.

DES MOULINS QUI GAGNENT DU TERRAIN

En Hollande, les moulins ne servent pas qu'à moudre le grain. On les construit sur des digues entre deux plans d'eau. Le vent dans les ailes fait tourner une roue à aubes, qui vide petit à petit le premier plan d'eau dans le deuxième. Quand il est vide, on construit une digue un peu plus loin, on remonte le moulin dessus, et on recommence. Ainsi, bande de terre après bande de terre, la Hollande a gagné **plus d'un tiers de son territoire**.

On ra
le pet
a sauvé sc
l'engloutissemen
fuite de la dig
Il attendit
tout seul

Nom
le plus répandu
VAN PUFFELE

C'est dans une de ces maisons au bord du canal qu'habitait une petite fille **Anne Frank**. C'était la guerre et les nazis faisaient interner tous les juifs.
Anne Frank et sa famille restèrent cachées très longtemps, mais un jour terrible, elles furent capturées. Seul son père survécut. C'est lui qui fit publier le journal qu'elle avait tenu.
Des millions de gens à travers le monde ont ainsi pu lire le *Journal* d'Anne Frank.

conte que
it **Bartje**
n village de
t en bouchant une
ue avec sa main.
toute la nuit,
les secours.

Le 30 Avril, pour la fête de la Maison d'Orange, dont descend notre reine **Béatrix**, on décore tout en orange : les boutonnières, les voitures, les rues, les maisons …

DES BONBONS

Les célèbres caramels au café

A Amsterdam, à la sortie de l'école les enfants font la circulation eux-mêmes.

MIAM MIAM

PETIT DEJEUNER

UNE RECETTE

Lettres - Gâteaux

500 g de pâte d'amandes-500 g de pâte feuilletée-1 œuf

Etendre la pâte feuilletée en bandes de 8 cm de large sur 0,5 cm d'épaisseur. Rouler de long boudins de pâte d'amande du diamètre d'un doigt. Prévoir la forme et la longueur des lettres que l'on veut faire. Enrouler la pâte feuilletée autour de la pâte d'amande. Bien souder les bords en les mouillant sur la longueur et les extrémités. Former les lettres sur une plaque beurrée. Dorer à l'œuf battu. Faire cuire 30 à 40 minutes à four chaud (th.8).

Entre les Hollandais et les tulipes, il y a une très vieille histoire d'amour.
Au 16ème siècle, un bateau venu de Constantinople apporta les premières fleurs, pour lesquelles le pays tout entier se prit de passion.
Au 17ème siècle, on pouvait parler de "Tulipomanie".
Les prix des bulbes atteignirent des sommes extravagantes (un seul bulbe rare pouvait s'échanger contre un navire de commerce tout armé). De nos jours, les tulipes sont cultivées par millions dans tout le pays.

L'ARGENT

Le florin

Portrait d'un enfant de Paulus Moreelse

UNE CHANSON

DANS UN VERT CHAMP DE NAVETS

Al in een groen groen knolle

Dans un vert champ de navets, vivaient deux lièvres coquets. L'un qui jouait de la flûte et l'autre du tambourin. Un chasseur arriva soudain et tua l'un des lapins. Comme on peut s'imaginer, l'autre fût bien attristé.

On a tous lu les petits livres de **Dick Bruna**.

Illustration de Dick Bruna.
© Mercis b. v.

UN POEME

Je ne veux plus, je ne veux plus !
Je ne veux pas tendre la main
et répéter à tout moment :
"Oui Madame, Oui Monsieur"
Non ! Plus jamais de la vie !
Je garde mes mains dans le dos
et je ne répondrai pas.

Annie M.G. Schmidt

LE PATINAGE

C'est notre sport préféré. Un jour par an, quand il fait bien froid, l'école ferme et tous les enfants s'en vont patiner sur les canaux. Quand on est tout petit, on apprend en se tenant à une chaise.

INVENTION

La société Philipps a inventé le compact-disque.

La Dentellière de Vermeer

Titus à l'écritoire de Rembrandt

Le Bébé (Marcelle Roulin) de Van Gogh

Composition dans le carreau avec rouge, jaune et bleu de Piet Mondrian

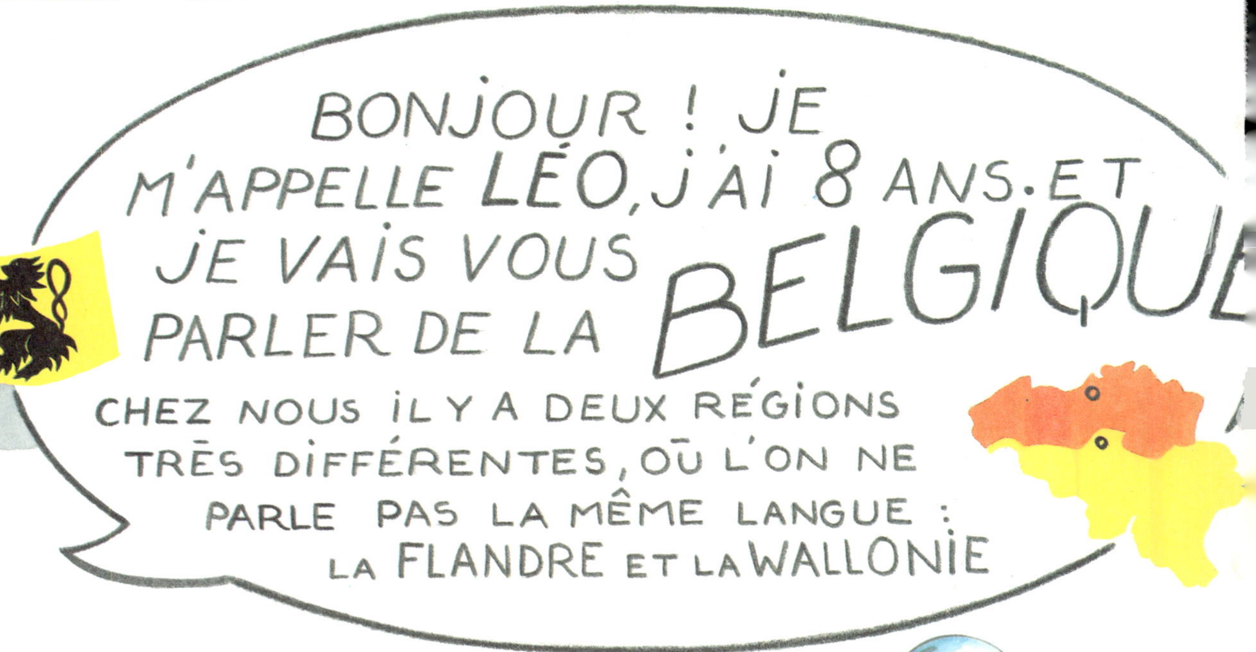

Le roi Baudouin et la reine Fabiola sont très aimés en Belgique. Ils n'ont pas d'enfants et considèrent tous les petits Belges un peu comme leurs enfants.
Le septième fils ou la septième fille d'une famille peuvent avoir, s'il le veulent, le roi pour parrain.

J'habite à **Bruxelles**, une ville très belle et très ancienne, dont le cœur est la **Grand'place**. Pour les fêtes, on recouvre le sol de la place d'un immense **tapis de fleurs**.

UN HEROS

Till Eulenspiegel

D'origine allemande, **Till**, (dont le nom signifie "miroir aux chouettes"), entra dans la légende en jouant des tours pendables aux troupes espagnoles, qui, au 16ème siècle, dominaient alors le pays.

UNE BETISE

On met des pièces de monnaie sur des rails, et quand le tramway passe, ça fait des étincelles.

Le Manneken-pis

Ce petit enfant de bronze est l'une des plus célèbres statues du monde. Cela fait plus de 300 ans qu'il fait pipi au coin de la rue de l'Etuve à Bruxelles.
Il possède plus de 400 costumes, dons de ses admirateurs de toutes les époques et de tous les pays.

Petit c

HEROS DE B.D. : TOUS DES BELGES

ANVERS

C'est la ville des diamants. On y vend, on y achète et on y taille les plus belles pierres du monde.

L'ARGENT

Le franc belge

PETIT DEJEUNER

Tintin et Milou et leurs amis, d'**Hergé**
© Hergé / Casterman

Lucky Luke de **Morris**

Boule et **Bill**
de Roba

Blake et **Mortimer**
d'Edgar P. Jacobs

Bob et
Bobette
de **W.Vandersteen**

La Belgique est certainement le pays d'Europe où sont nés le plus de héros célèbres.
La bande dessinée est à l'honneur à Bruxelles où un très grand musée lui est consacré.

Quelques héros de **Franquin** :

Spirou
et le **Marsupilami**

Les Schtroumpfs
de **Peyo**

Gaston

Fantasio

LE PAYS DES FÊTES

On raconte
qu'il y a en Belgique au moins une fête
folklorique par semaine.
On se déguise, on fait de la musique,
on défile dans les rues, tout comme
au Moyen Age.

Les Gilles de Binche
(du 1er au 3 mars). Leurs coiffes inspirées des incas pèsent plusieurs kilos. Ils défilent en agitant leurs grelots et en faisant claquer leurs semelles de bois. Ils jettent des oranges et des bonbons à la foule.

Les Bébés géants
de Borgerhout

POEME

Quand vient le soir
Des cygnes noirs
Ou des fées sombres
Sortent des fleurs, des choses, de nous,
Ce sont nos ombres.

Charles van Lerberghe

On se laisse rouler
du haut d'une dune en criant :
"rolleke bolleke rolleke bolleke"

En Belgique, on pratique beaucoup **la colombophilie**, l'art de dresser les pigeons voyageurs.

GATEAUX

Gaufres

Speculos

Pains d'amande

Compagnie aérienne : La **Sabena**.

Ik heb de zon !

J'ai vu le soleil tomber dans la mer,
j'ai vu le soleil tomber, j'ai vu le soleil tomber,
le soleil tomber dans la mer.

INVENTION

Le chimiste Léo

BAEKELAND

né à Gand en 1863. A inventé la bakélite, ancêtre de la matière plastique.

Noms les plus répandus

LEGRAND (Wallon)

WOUTERS (Flamand)

Les Cougnous

1/2 litre de lait - 50 g de levure de boulanger
4 œufs + 1 pour dorer - 4 cuillerées à soupe de sucre glace - 1 kg de farine - 175 g de beurre - 12 raisins secs.

Dans un verre délayer la levure avec un peu de lait. Mélanger avec 4 œufs, une pincée de sel, les 4 cuillerées de sucre glace et le reste du lait. Bien travailler. Incorporer peu à peu la farine. Laisser lever au double du volume. Diviser la pâte en 6 pour former 6 cougnous. Les modeler et les disposer pas trop serrés sur une plaque beurrée. Dorer à l'œuf battu et enfoncer les raisins pour faire les yeux. Faire cuire à four préchauffé, thermostat 7, pendant 40 minutes.

BONBONS

Encore des frites !
Cette fois-ci en pâte de fruits, très acidulées, "sures", roulées dans du sucre cristallisé.

QU'EST-CE QUI SE PASSE QUAND ON PERD UNE DENT ?

La petite souris a beaucoup à faire en Europe, car elle s'occupe de la Belgique, de l'Espagne du Portugal, de l'Italie, de la France et du Luxembourg. Tous les enfants de ces pays saven bien qu'il faut mettre sa dent sous l'oreiller avant d'aller se coucher, et que dans la nuit le peti animal viendra la prendre, laissant à sa place une pièce ou des bonbons.

ESPAGNE	ITALIE	DANEMARK	GRÈCE	HOLLANDE	ALLEMAGNE	LUXEMBOURG	BELGIQUE	IRLANDE	ANGLETERRE	FRANCE	PORTUGAL
8h	7h30	7h	7h	6h30	7h	7h	7h30	8h	7h30	7h30	8h
9h	8h30	8h	8h ou 13h*	8h	8h	8h	8h30	9h	9h	8h30	9h
14h	13h	12h	14h	12h	12h30	12h	12h	12h	12h30	13h	13h
oui	oui	non	oui	non	non	non	non	non	non	non	oui
17h	17h	13h ou 15h*	13h ou 19h	16h	13h	12h ou 16h*	16h30	17h	15h30	16h	15h30
17h30	17h	non	non	non	16h	16h	17h	17h	16h30	16h30	17h
22h	20h	18h	22h	18h	19h	19h	20h	19h	19h	20h	20h
très tard	22h	20h	très tard	20h	20h30	20h	21h	22h	20h	21h	21h30
109	118	100	85	85	72	75	89	94	112	91	114

* Danemark :
13h : de 7 à 9 ans
15h : les plus grands

* Grèce : on va à l'école soit le matin, soit l'après-midi pour se partager les salles de classe

* Luxembourg : 12h : les mardi, jeudi, samedi - 16h : les lundi, mercredi, vendredi

En Allemagne, rien de spécialement magique ne se produit. On garde juste ses dents dans une jolie "**boîte à dents**". Au Danemark, ce sont les parents eux-mêmes qui donnent de l'argent à leurs enfants. Certains assemblent les petites dents pour en faire **un collier**.
En Grèce, on ferme les yeux et l'on jette la dent par-dessus son épaule en faisant ce vœu : "**Corneille, prends de l'os et donne-moi du fer**" (une dent solide comme du fer).
En Hollande (bien que la petite souris ait été parfois signalée), on attend d'être avec son grand-père dans la maison. On lui tourne le dos et on jette sa dent en l'air vers lui. Miraculeusement, elle retombe transformée en **une pièce de deux florins et demi**.
Pour l'Irlande et la Grande-Bretagne, le service est assuré par une petite fée spéciale, la "**Fée des dents**" (TOOTH FAIRY), qui procède comme la petite souris : elle profite du sommeil de l'enfant pour prendre la dent sous l'oreiller et la remplacer par une pièce de monnaie ou un petit cadeau. Elle a la main très légère, car, à ce jour, aucun enfant n'a réussi à l'apercevoir.

A QUELLE HEURE ?

on se lève ?
L'école commence ?
On déjeune ?
On fait la sieste ?
On sort de classe ?
On goûte ?
On dîne ?
On se couche ?
Nombre de jours de vacances

J'habite à Luxembourg-ville, la capitale qui est pleine de vieux châteaux, de remparts, de ponts (**93 !**) et de souterrains.

Radio Télé Luxe émet en français, en en néerlandais luxembourg

UN TABLEAU

Le Cheval de bois de Joseph Kutter

Pour la **fête du Genêt**, tous les habitants de la ville de **Wiltz** se déguisent en fleurs et défilent dans les rues.

L'ARGENT

Le franc luxembourgeois

LES ECONOMIES

On offre très tôt une tirelire aux enfants pour les inciter à l'économie. C'est généralement au jour de l'An que les grands la remplissent. Plus tard, cet argent a toutes les chances de filer directement à la caisse d'Epargne.

DES BONBONS

Les **"Zockerstangen"** bâtons de sucre translucide à sucer "bien pointus".

…mbourg
… allemand,
…et en
…eois

MA MAISON
SUR LES BORDS
DE L'**ALZETTE**

PETIT DEJEUNER

A la **Chandeleur**, les enfants entrent dans les magasins et les maisons. Ils tiennent des bougies et chantent toujours la même chanson. On leur donne des sous et des bonbons.

UNE LEGENDE

Saint Hubert chassait au plus profond de la forêt des Ardennes quand un grand cerf lui apparut avec une croix d'or brillant entre ses bois. L'animal lui demanda, avec la voix de Dieu, de se convertir et de mener une vie meilleure.

Le 4 décembre, pour fêter **sainte Barbe**, leur patronne, les mineurs du Dudelange, le pays rouge, font exploser des morceaux de montagne et boivent des litres de bière.

Nom le plus répandu

THILL

UNE COMPTINE

Klëmmt en mäunchen d'trapen crip | Kluig, Kluig, Kluig, | Toc, Toc, Toc, | D'lueden op | Heigeet et eran | Bonjour, Madame.

Copenhague est un grand port où dans un coin, sur son rocher, se dresse notre statue préférée, **la petite sirène**. (En 1964, tous les Danois se sont émus en apprenant qu'on lui avait coupé la tête. Depuis on l'a remplacée.)
Comme chez nous, l'hiver est très long et glacial. On aime beaucoup nos maisons bien chaudes où brillent des dizaines de bougies.

Nom
le plus répandu

JENSEN

On dit qu'en 1219, le drapeau danois est tombé du ciel sur les ennemis au cours d'une bataille.

c'est un tout petit mot mais il veut dire beaucoup de choses.

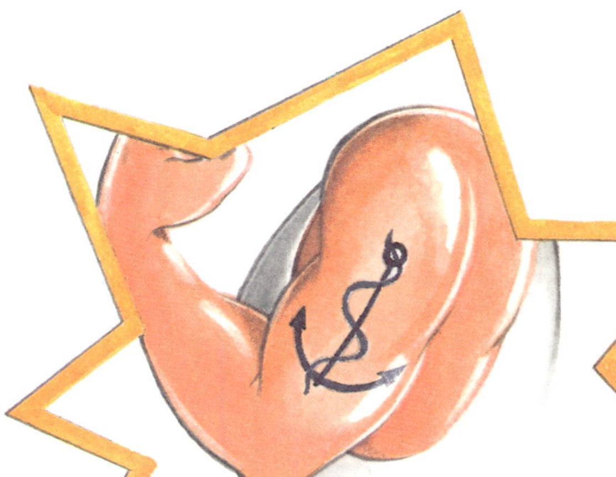

Le port de Copenhague est le meilleur endroit du monde pour se faire tatouer.

Peut-être est-ce le sang de leurs ancêtres vikings, conquérants redoutables, qui rend les enfants danois si hardis et indépendants !

Château de Christian Borg

UNE RECETTE

Rodgrod aux fruits rouges

1 kg de fruits rouges mélangés (frais ou surgelés)
350 ml d'eau - 200 g de sucre - sel - 3 cuillerées à soupe de farine de riz ou de maïs - quelques amandes effilées.

Laver les fruits. Les mettre avec de l'eau dans une casserole. Dès l'ébullition, baisser le feu et laisser cuire doucement jusqu'à ce qu'ils soient tendres. Passer à travers une passoire fine (chinois) pour recueillir le jus. Ajouter le sucre, une pincée de sel et faire bouillir tout doucement jusqu'à ce que le sucre soit fondu. Dans une tasse, mélanger bien la farine avec 3 cuillerées à soupe d'eau puis 3 cuillerées de jus bouillant. Verser dans la casserole de jus. Remettre à bouillir tout doucement jusqu'à ce que la soupe ait épaissi (3 à 4 minutes).

Verser dans des bols, saupoudrer de sucre puis d'amandes effilées. Servir glacé avec de la crème fraîche, liquide ou battue simplement avec un peu d'eau glacée.

PETIT DEJEUNER

vous !
ûs plaît !

(Prononcer "SKOL") Se dit pour trinquer en levant son verre. C'est un mot des Vikings qui aimaient particulièrement boire dans le crâne ("SKÅL") de leurs ennemis.

LES DANOIS ADORENT ÇA !

Le camembert frit à la confiture de framboises.

MA MAISON

C'est ma maison, une **"Parcelhus"**.

Miam miam ! Les pâtisseries danoises

L'église du Sauveur

NOTRE PLUS HAUTE MONTAGNE MESURE 300 METRES

La fête préférée des enfants est certainement celle du **"chat battu"**. A la mi-carême, on accroche aux arbres une grosse boîte ronde, décorée d'un chat noir, pleine de bonbons. Les enfants armés de bâtons forment deux équipes. Ils tapent à tour de rôle sur la boîte jusqu'à ce qu'elle se casse.

L'ARGENT

La couronne danoise

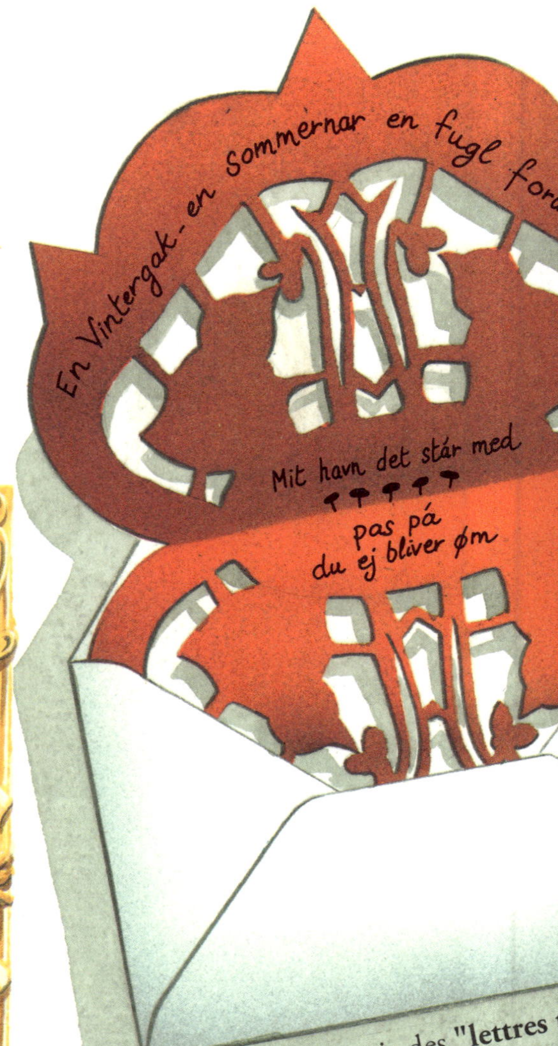

A Pâques on s'envoie des **"lettres**
sortes de poèmes énigmatiques su
découpés. Il faut deviner qui vo
sinon, vous lui devrez un œuf e
On glisse un perce-neige dan

UN BONBON

Les Piratos
Les **pires** réglisses du monde
Les **plus forts**, les **plus salés**.

Jeune fille avec une corbeille de fruits
de Constantin Hansen

UNE COMPTINE

Lille Peter Edderkop

Peter la petite araignée grimpe sur le mur.
La pluie est venue et l'a fait tomber.
Le soleil est revenu et a fait sécher son corps.
Et Peter la petite araignée a commencé
doucement à remonter.

LA REINE

C'est Margaret II,
mais on l'appelle **Daisy**.

SPORT NATIONAL

Le **badmington**

LE PLUS VIEUX VISAGE DU MONDE

C'est celui de **l'homme de Tollund**, retrouvé dans la tourbe, intact, 2 000 ans après qu'on lui eût coupé la tête lors d'un sacrifice.

HANS CHRISTIAN ANDERSEN

C'est lui qui a écrit "La petite sirène", "La petite fille aux allumettes"... Sa vie commença aussi tristement que ses contes : Il perdit son père cordonnier, sa maman dut faire des lessives, les pieds dans l'eau glacée, pour gagner leur vie. C'est elle qui l'encouragea quand, à quatorze ans, il partit chercher fortune à Copenhague. Tout fut très difficile mais petit à petit les contes qu'il écrivit devinrent célèbres dans le monde entier et à la fin de sa vie, comme le vilain petit canard, il fut couvert d'honneurs dans son propre pays.

quines", des papiers l'a envoyé, chocolat. l'enveloppe.

A la Saint - Jean, on construit des mannequins en forme de sorcières et on les brûle dans de grands feux.

RCS ET DES JEUX

On adore les parcs d'attractions. Celui de **Bakken** est le plus ancien d'Europe. Celui de **Legoland** reconstitue en légos des villages entiers. Mais le préféré est **Tivoli**, au cœur de Copenhague, un endroit magique avec des feux d'artifice, un théâtre chinois, des montagnes russes, des fontaines multicolores, un zoo où l'on peut jouer avec les animaux et la "garde de Tivoli", réplique de la garde royale où les soldats sont des enfants.

Qu'est-ce qui se passe à Noël ?

Sous le signe de saint Nicolas au nord, du Père Noël au centre et des Rois Mages au sud, tous les enfants européens ne fêtent pas Noël de la même manière.
Les petits Hollandais reçoivent leurs cadeaux le 6 décembre, les Français le 25, les Grecs le 1er janvier et les petits Espagnols doivent attendre le 6 janvier !

- En Grèce, c'est **Aghios Vassilis** (saint Basile) qui apporte les cadeaux dans une barque décorée avec des lampions. Les enfants chantent les "Kalanda", chants de Noël, on mange la "Vassiliopita", gros gâteau où est cachée une pièce de monnaie.

- En Irlande, on allume une bougie devant la fenêtre à l'intérieur des maisons, pour que les pauvres sachent qu'ils sont les bienvenus.
C'est le Père Noël, **Santa Claus**, qui vient apporter les cadeaux, aidé par un certain Rudolf, dont le nez rouge éclaire la route dans la nuit.

- En Allemagne, les enfants ne voient pas le sapin décoré avant le soir du 24 décembre. Vers 17 heures, ils vont faire une petite promenade, puis rentrent revêtir leurs plus beaux habits. On ouvre alors le salon qui était fermé à clé, et on découvre le merveilleux arbre, avec ses vraies bougies, ses guirlandes, ses boules et les mille petites décorations que l'on fait à la maison. On chante, on ouvre les cadeaux que le "**Christkind**", un mystérieux ange vêtu de blanc, a apportés.

- Au Portugal, Noël s'appelle "Natal". Tout se cristallise autour du "**menino Jesus**", l'enfant Jésus, symbole de fraternité et de paix. Dans toutes les maisons, on installe de très belles crèches, on va à la messe de minuit, on découvre les cadeaux que le petit Jésus a apportés, et on ne fait jamais mentir le dicton : "A Noël, on ne ferme jamais la porte à un malheureux."

- En Belgique, en Hollande et au Luxembourg, c'est **saint Nicolas** qui a le rôle le plus important. C'est le saint préféré des petits à cause de la vieille histoire des trois enfants perdus qu'un méchant boucher avait coupés en morceaux et salés dans son saloir (l'ancêtre du congélateur), pendant sept ans. Saint Nicolas qui passait par là les avait ressuscités et ils s'étaient réveillés en disant "qu'ils avaient bien dormi". Lorsqu'il arrive en Hollande, il traverse les villages sur son cheval blanc et la reine elle-même vient à sa rencontre.

- Au Luxembourg, les enfants l'appellent en chantant "Cher saint Nicolas, Bon saint Nicolas, Apporte-nous des choses de toutes sortes à regarder, à goûter, du beau pays du ciel !"

- En Belgique, les enfants lui préparent un cigare et un verre de bière. Ils placent près de la cheminée un fauteuil recouvert d'un papier. Si le papier est froissé, c'est que saint Nicolas s'est assis pour se reposer un peu.

- En Grande-Bretagne, le père Noël, **Santa Claus**, arrive en traîneau par-dessus les toits et glisse les cadeaux dans les chaussettes que les enfants ont suspendues à cet effet autour de la cheminée.

A table on apporte le "Christmas pudding" (gâteau de Noël), tout flamblant, avec une branche de houx au sommet et des pièces d'argent cachées à l'intérieur.

- Au Danemark, Noël est aussi la fête d'Andersen. Tout le monde a une pensée pour la pauvre petite fille aux allumettes. Le père Noël s'appelle "**Julemanden**". Il est précédé par Nisse, un lutin à longue barbe qui, malgré ses 800 ans, est resté très taquin. On lui laisse une assiette de friandises en haut d'un meuble. Le lendemain, elle est vide.

- Si depuis quelques dizaines d'années le père Noël, "**Babbo Natale**", a fait son apparition en Italie, c'est la **Befana** qui apporte les cadeaux le 6 janvier. On sait peu de chose sur cette mystérieuse créature, peut-être une sorcière, peut-être une très vieille femme qui vivait déjà au temps des Rois Mages et qui, n'ayant pu apporter de cadeaux à Jésus, en offre à tous les enfants sages...

- En France, le **père Noël** dépose les cadeaux dans les chaussures de toute la famille dans la nuit du 24 décembre. On mange un délicieux gâteau fourré en forme de bûche, sur lequel sont plantés de petits lutins en plastique (très convoités des enfants).

- En Espagne, comme il y a peu de cheminées, c'est sur le balcon que les petits déposent leurs souliers dans la nuit du 5 au 6 janvier. C'est la nuit où passent les "**Reyes**" (les Rois Mages), qui arrivent par la mer dans un bateau avec leurs pages et leurs chameaux. Ils sont accueillis en grande pompe. Souvent, le maire leur remet les clés de la ville. En Catalogne, les petits adorent la coutume du "Tio" (bûche). Quelques jours avant Noël, on sonne à la porte. Une bûche se trouve là, sur le paillasson. Les enfants l'installent dans la maison et s'en occupent comme d'un bébé : ils la bordent avec une couverture, ils lui offrent à manger.
Juste avant Noël, le moment est venu de "faire le Tio". Les enfants, armés de petits bâtons, tapent sur la bûche en criant : "Tio, Tio, pica Turron" (Tio, Tio, crache du touron !). On soulève la couverture, et, miracle ! on trouve la bûche toute entourée de "tourons", ces délicieuses friandises espagnoles à base de pâte d'amande.

N'est-elle pas magnifique la **tour de Belém** ? Elle devait sembler encore plus belle aux navigateurs portugais car c'était le premier bâtiment qu'ils apercevaient en regagnant Lisbonne après des années de voyages et d'aventures.

La mer finie peut bien être grecque ou romaine Portugaise est la mer infinie.

Fernando Pessoa

On adore les sardines grillées toutes fraîches pêchées.

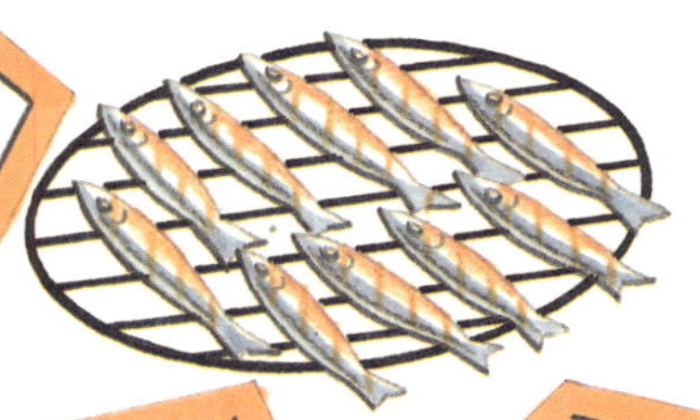

La mer est dangereuse, mais pleine de poissons, autour de **Nazaré**, la capitale des pêcheurs. Tout le monde donne un coup de main quand les barques arrivent au rivage.

L'œillet rouge est notre fleur préférée, symbole de notre révolution de 1974.

UN PAYS QUI REGARDE VERS LA MER

UN MARIN DE GÉNIE

Henri le Navigateur
(1392-1460)
était le fils du roi. Il fonda à Sagres la première école de navigation du monde, mit au point les cartes marines, inventa la caravelle. C'est lui qui lança son pays à la conquête du monde.

MA MAISON

C'est ma maison dans le quartier de l'Alfama. Le jour de la fête de saint Antoine, le patron de Lisbonne, tout le monde sort les tables et les chaises pour dîner dans la rue.

L'ARGENT

L'escudo

Pour la fête des **Tabuleiros** (plateaux) les jeunes filles de Tomar portent trente pains sur leur tête. Elles vont les offrir aux pauvres.

UNE INVENTION

Les Portugais ont découvert le **parapluie** aux Indes, où il servait à protéger du soleil. Ils l'ont ramené en Europe et adapté avec du tissu imperméable.

UNE RECETTE

Riz au lait de Coïmbra

250 g de riz rond - 1 litre de lait - 200 g de sucre en poudre
3 jaunes d'œufs - le zeste d'un citron - cannelle

Bien laver le riz. Le faire bouillir avec le lait. Quand il monte, ajouter le zeste de citron. Laisser cuire 20 minutes à feu doux. Retirer du feu. Ajouter le sucre, une pincée de sel et les jaunes d'œufs. Bien mélanger. Verser dans un plat creux.
Décorer avec la cannelle : En prendre un peu dans votre main, la faire couler petit à petit entre le pouce et l'index que l'on frotte l'un contre l'autre.

MIAM-MIAM

Fios de Ovos
(délicieux fils d'œuf
et de sucre).

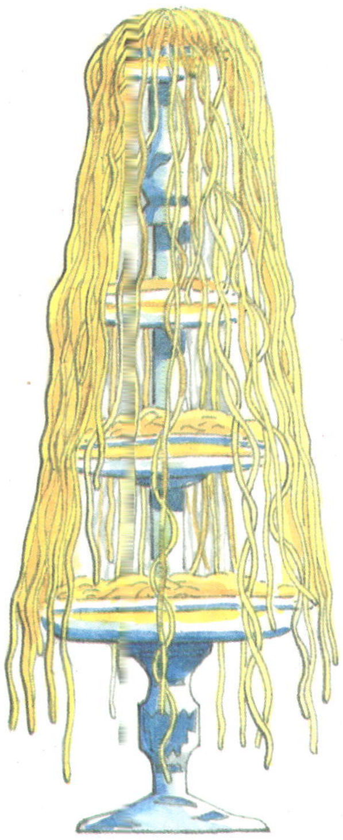

Ce tableau est le portrait du roi **Sébastien**, (1554-1578) qui partit en croisade contre les Maures. Il n'est jamais revenu, mais certains Portugais, des centaines d'années plus tard, rêvent encore de le voir revenir à bord de ses vaisseaux

PETIT DEJEUNER

Nom
le plus répandu

DA SILVA

A la campagne, on voit encore des bœufs qui tirent les charettes.

Certains bergers se fabriquent des imperméables en paille.

Porte de Brandebourg

J'habite à Berlin, la capitale. Depuis la fin de la seconde guerre mondiale, en 1945, mon pays était coupé en deux : l'Allemagne de l'Ouest et l'Allemagne de l'Est. A Berlin il y avait même **un mur** entre les deux parties de la ville. En 1989, l'Allemagne a été réunifiée et les Berlinois ont cassé le mur avec des marteaux et des pioches.

Les deux tours, l'une laissée en ruine, l'autre ultra-moderne de **l'Eglise du Souvenir** (surnommées "le bâton de rouge" et "la dent creuse").

UN SAVANT

Albert Einstein avait autant d'imagination que de génie. Il a inventé la théorie de la **relativité**.

Nom le plus répandu

SCHMIDT

DEUX GENIALES INVENTIONS ALLEMANDES

C'est une petite fille de 9 ans, **Mercedes Jellinek,** qui donna son nom aux célèbres voitures allemandes **Mercedes**.

Le Pays des Contes et des Légendes

Siegfried a tué le dragon, Hans et Gretel ont mangé la maison de la sorcière. Les quatre animaux musiciens de Brême ont fait fuir les voleurs, Blanche-Neige a épousé le prince. Le brave Casse-Noisette a triomphé du roi des souris et repris son allure de beau jeune homme...
On sait que tout se terminera bien, mais après suffisamment de merveilleuses aventures pour faire rêver des générations d'enfants.

L'ARGENT

Le mark

Franz Von Lenbach

Le petit pâtre

Il y a

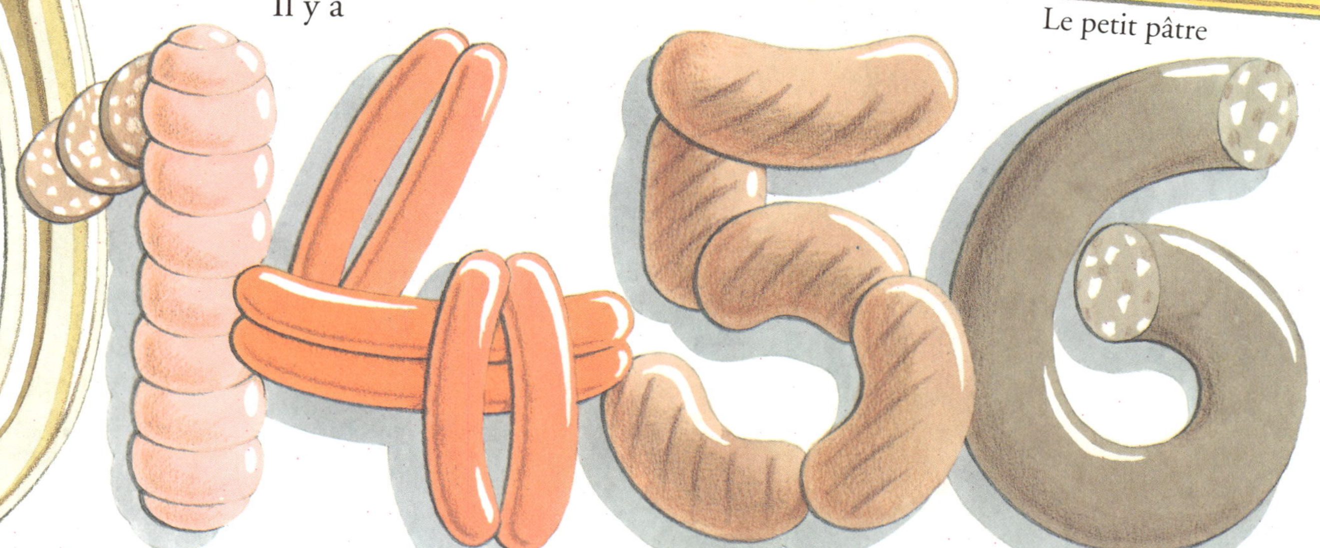

sortes de saucisses en Allemagne

UNE RECETTE

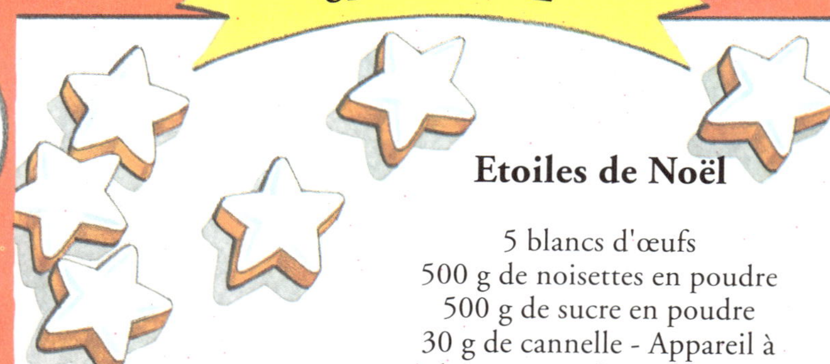

Etoiles de Noël

5 blancs d'œufs
500 g de noisettes en poudre
500 g de sucre en poudre
30 g de cannelle - Appareil à découper en forme d'étoile
Glaçage : 250 g de sucre glace

2 cuillerées à soupe de jus de citron

Battre les blancs en neige ferme. Ajouter peu à peu le sucre en continuant à battre pendant quelques minutes. Incorporer les noisettes, la cannelle et le jus de citron. Former une boule de pâte. Etendre cette pâte au rouleau sur 1 cm d'épaisseur. Découper les étoiles (en trempant souvent l'emporte-pièce dans l'eau pour ne pas "coller"). Disposer sur une plaque beurrée. Cuire à four préchauffé (th.8 - 240°) pendant 5 mn.
Glaçage : Mélanger 250 g de sucre glace avec 2 cuil. à soupe de jus de citron et en enduire les étoiles encore chaudes.

UN BONBON

Le **Marzipan**
pâte d'amande enrobée de chocolat noir

PETIT DEJEUNER

UNE FOIS
DANS NOTRE VIE,
LE JOUR OÙ L'ON RENTRE
A LA GRANDE ECOLE, ON
REÇOIT LE "SCHULTÜTE"
UN CORNET ÉNORME
PLEIN DE BONBONS

ON ADORE LA MUSIQUE !
DÈS L'ENFANCE ON APPREND
A JOUER D'UN INSTRUMENT.
PEUT ETRE EST-CE POUR CELA QUE
BEAUCOUP DES PLUS GRANDS MUSICIENS
DU MONDE SONT ALLEMANDS :
BACH, BEETHOVEN, WAGNER,
SCHUMANN, BRAHMS.

UNE CHANSON

Petit Jean, seul devant
une paille entre les dents
chaperon et bâton s'en va pour de bon.
Sa pauv'maman est en pleurs,
plus de Jean dans la demeure.
Alors l'enfant réfléchit et rentre chez lui.

UN POEME

Le Roi des Aulnes

Qui chevauche si tard à travers le vent
et la nuit ?
C'est le père avec son enfant.
Il porte l'enfant dans ses bras, il le tient ferme,
il le réchauffe.
" Mon fils, pourquoi cette peur,
pourquoi te cacher ainsi le visage ?
- Père, ne vois-tu pas le roi des aulnes, le roi des
aulnes, avec sa couronne et ses longs cheveux ?
- Mon fils, c'est un brouillard qui traîne."
Viens, cher enfant, viens avec moi !
Nous jouerons ensemble à de si jolis jeux !
Maintes fleurs émaillées brillent sur la rive ;
ma mère a maintes robes d'or.
"Mon père, mon père, tu n'entends pas ce que
le roi des aulnes doucement me promet ?
- Sois tranquille, reste tranquille, mon enfant :
c'est le vent qui murmure dans les feuilles
sèches."
Gentil enfant, veux-tu me suivre ?
Mes filles auront grand soin de toi ;
mes filles mènent la danse nocturne.
Elles te berceront, elles t'endormiront,
à leur danse, à leur chant.
"Mon père, mon père, et ne vois-tu pas là-bas
les filles du roi des aulnes à cette place sombre ?
- Mon fils, mon fils, je les vois bien :
ce sont les vieux saules qui paraissent grisâtres."
Je t'aime, ta beauté me charme et, si tu ne veux
pas céder, j'userai de violence.
" Mon père, mon père, voilà qu'il me saisit !
Le roi des aulnes m'a fait mal !"
Le père frémit, il presse son cheval,
il tient l'enfant qui gémit ; il arrive à sa maison
avec peine, avec angoisse ;
L'enfant dans ses bras était mort.

Johann Wolfgang von Goethe

LA VILLE DES JOUETS

Dans la ville de Nuremberg
on fabrique depuis toujours
les plus beaux jouets du monde.

LE
11 NOVEMBRE
ON FÊTE LA
SAINT MARTIN
EN CONSTRUISANT
DES LAMPIONS. LE
SOIR ON FAIT UN
GRAND FEU DANS
LA COUR DE
L'ÉCOLE.

Remerciements

Ce livre a été réalisé avec la collaboration de

Martine Benguigui - Chantal Binet - Murielle Briand - Christine Corniolo - Serge Cosseron - Robert Crombez - Marcelle Geneste - Marie-Madeleine Hervet - Sophie Kontzler - Marie-Hélène Lafin - Chantal Laurent - Emmanuelle Massonaud - Eric Matha - Alain Mirande - Frédéric Molteni - Cécile Nougaro - Jean-Marc Patier - Hélène Perdereau - Marie-Thérèse Poux - Muriel Novelli-Raimbault - Alexandre Révérend - Florence Robert - Isabelle Rochefort - Sandra Smith - Stéphane de Turckheim.

Nous remercions tous les amis européens qui nous ont apporté leur aide.

Maria do Asigo de Lima - Anne Lise Bauer - Birgitte Bauer - Georges Beckerich - Charlotte, Nicolas et Martin de la Bédoyère - Jean Louis Besse - Brigida Bonifacio - Sarah Caruso - le CCPF et particulièrement Carlos Semedo Ani Chatzinota - Jean Clemente - Pierre Couperie - Ursula Cren - Roberta Cruciani - Brigitte et Stéphanie Debette - Emilie Delessale - Dina - Peter Dintsen - Torben Doose - Karine Etchevery - Jean Pierre Fidalgo - Monsieur et Madame Fidalgo - Denis Gifford - Sylvia Goldschmidt - Laurence Guerrini - Hans - Bernard Hayette - Michèle Hechter - Anne Hervio - Stephane Jaspert - Antoinette de Jorna - Maria Jeroulanou et ses enfants - Didier Kengen - Madame Kerkhof - Tony Kiriakis - L'Ecole Communale de Koekelberg - Monsieur Koltz - Kostas - Annelies Koster - Madame Koster - Purification Lago Carrera - Christine Legrand - Marie Josée Lessere - Martine Levens - Renata et Milena Loccisano - Gloria Lolivier - Elysabeth Loos

- Maria Lopes - Sylvie Loussier - Librairie Lusophone de Paris - David Mac Donald - Maibritt - Lucia Martinez - Nicole Max - Dieter von Mecks - Madame Mercadié - Olympia et Alexandre Milheiro - Jackie Molloy - Arturo Montini - Sophie Mousset - Toni Nacci - Olivia Nadal - Camille Noisette - Maria Dolores Ortiz Garcia - Donald Osborne - Karolina Osborne - Kate Osborne - Lawrence Osborne - Christiane Pagès - Bernadette Pansini - Marinetta Papachimona - Henrietta Van Pellen - Madie Pescarolo - Cesare Peverelli - Monsieur et Madame Prieto - Alex Reding - Ursula Reverend - La Bibliothèque Riche Claire (section jeunesse) - Maraki Roulier - Madame Rutgers - Yolanda Safaie - Beatrix Seral - Lucia Da Silva - Le Syndicat des Enseignants Portugais à l'Etranger (SPE) - Eva Tordsen - Arnaud de Turckheim - Hélène de Turckheim - Daniel Verlant - Stephane Verschuere - Luisa Vinagre - Carmen Violette - Anne Weber - Daniel Jean - Luba Jurgenson - Bernadette Gildemyn.

CREDITS PHOTOGRAPHIQUES

FRANCE
Astérix. © Goscinny-Uderzo / Les éditions Albert René, 1992.
Babar. © Laurent de Brunhoff / Librairie Hachette 1961.
Fillette jouant au volant, Jean Siméon Chardin. © Alinari/Giraudon, Galerie Degli Uffizi, Florence.
ALLEMAGNE
Mercedes Jellinek, remerciements et archives photos Mercedes-Benz France.
Hirtenknabe, Franz von Lenbach, 1860. © Artothek, Schack-Galerie, Munich.
GRÈCE
Les Enfants boxeurs , peintures murales du XVIe siècle av. J.-C. . © G. Dagli Orti, Musée national d'archéologie, Athènes.
LUXEMBOURG
Le Cheval de bois, Joseph Kutter, 1937. © Musée national d'histoire et d'art, Grand-Duché de Luxembourg.
ITALIE
Portrait d'un vieillard et d'un jeune garçon, Domenico Ghirlandajo, 1488. © Flammarion/Giraudon, Musée du Louvre , Paris.
"O sole mio", paroles de A. L. Hettich, musique de E. Di Capua, publié avec l'autorisation des Nouvelles éditions Méridian, Paris.
" Cabalette du sorcier bienveillant " de Giorgio Caproni. © Garzanti, Milan 1985 / Maurice Nadeau pour la traduction française de Philippe Renard et Bernard Simeone, Paris.
BELGIQUE
" Quand vient le soir... " de Charles von Lerberghe, extrait du recueil "La Chanson d'Eve". © Les éditions du Mercure de France, Paris.
The Artist's Sons, Albert and Nicolas, Rubens. Collections du Prince de Liechtenstein, Château Vaduz.
Tintin. © Hergé / Les éditions Casterman, Belgique.
Les Schtroumpfs, extrait de l'album "Le Schtroumpfissime". © Peyo 1967, une licence Cartoon Création, 1992.
Lucky Luke, extrait de " La Ballade des Dalton ". © Morris et Greg / Les éditions Dargaud, Paris, 1986.
Boule et Bill. © SPRL Jean Roba / Les éditions Dargaud, Bénélux.
Gaston, Spirou, Fantasio, le Marsupilami. © Franquin / Les éditions Dupuis, Belgique.
Bob et Bobette. © N.V. Standaard Uitgeverij, Belgique.
Blake et Mortimer. © Blake & Mortimer, Bruxelles.

DANEMARK
Utilisation des briques LEGO® par autorisation spéciale de LEGO S.A. - Chartres.
® LEGO est une marque déposée du Groupe LEGO.
A girl with fruits in a basket, Constentin Hansen.
© Statens Museum for Kunst, Copenhague.
PORTUGAL
"Stèle" Fernando Pessoa, extrait des Poèmes ésotériques, traduit par Michel Chandeigne et Patrick Quillier. © Les éditions Christian Bourgois, Paris.
Tableau représentant "Sébastien", Ecole portugaise du XVIe siècle, d'après une photographie de Luis Pavao (Archives nationales de la photographie), Musée d'art antique, Lisbonne.
HOLLANDE
La Dentellière, Vermeer de Delft, 1670-1671. © Lauros/Giraudon, Musée du Louvre, Paris.
Composition dans le carreau avec rouge, jaune et bleu, Piet Mondrian.
© Spadem, 1992.
Titus à l'écritoire, Rembrandt, Musée Boymans-van Beuningen, Rotterdam.
Le Bébé (Marcelle Roulin), Vincent van Gogh. © Vincent van Gogh Foundation / Van Gogh Museum, Amsterdam.
Portrait d'un enfant, Paulus Moreelse. © The Metropolitan Museum of Art, New York.
Miffy, illustration de Dick Bruna. © Mercis b. v. © Rouge et Or pour l'édition française, 1989.
Photo d'Anne Frank. © AFF / AFS, Amsterdam.
ESPAGNE
Fragment de " Manège " issu de " Chansons ", Federico Garcia Lorca. © Les éditions Gallimard pour la traduction française d'André Belamich, Paris.
Portrait de Manuel Osario Monrique de Zuniga, Francisco Goya, 1788. © G. Dagli Orti, The Metropolitan Museum of Art, New York.
" Platero y yo " de Juan Ramon Jimenez. © Les éditions Alianza, Madrid.
ANGLETERRE
Peter Rabbit de Beatrix Potter, © Frederick Warne & Co.
Le portrait de Beatrix Potter a été redessiné d'après une photographie grâce à l'aimable autorisation de Frederick Warne & Co.
Master Crewe as Henry VIII, Joshua Reynolds, 1776, Collection privée.
Alice au pays des merveilles, illustration de John Tenniel.

Imprimé en France par I.M.E. - 25110 Baume-les-Dames
Dépôt légal n° 1803-12/1992 - Collection n° 14 - Edition n° 02
Loi n° 49-956 du 16 juillet 1949
sur les publications destinées à la jeunesse - Dépôt 12/92
ISBN : 2-01-019692-9
22/2828/6

NORVÈGE
Oslo
SUÈDE
MER DU NORD
Glasgow
Belfast
IRLANDE
Dublin
DANEMARK
Copenhague
ROYAUME-UNI
Cardiff
Londres
Hambourg
Amsterdam
PAYS-BAS
Berlin
OCÉAN ATLANTIQUE
BELGIQUE
Bruxelles
ALLEMAGNE
LUX.
Luxembourg
Francfort
Paris
Prague
Strasbourg
Munich
Vienne
Genève
Berne
SUISSE
AUTRICHE
Bordeaux
Lyon
FRANCE
Milan
Ljubljana
SLOVÉNIE
Zagreb
CROATIE
Marseille
ITALIE
BOSNIE-HERZÉGOVINE
Sarajevo
ESPAGNE
Madrid
Barcelone
Lisbonne
PORTUGAL
Rome
MER